Ursula Klotz
Susanne Schöniger

Das Schullandheimbuch

Oldenbourg

Inhaltsverzeichnis

Vorwort

Der Höhepunkt eines jeden Schuljahres ist die Fahrt ins Schullandheim. Schule einmal anders erleben dürfen, losgelöst von den sonst üblichen zeitlichen und räumlichen Zwängen – dies hinterlässt bei vielen Kindern einen bleibenden Eindruck, häufig bis ins Erwachsenenalter hinein.
Diese überarbeitete und durch neue Ideen ergänzte Ausgabe unseres Buches bietet zahlreiche Vorlagen, mit denen die Kinder selbst ein Schullandheimbuch zusammenstellen können. Zugleich möchten wir Ihnen mit diesen Kopiervorlagen die Vorbereitung für den Schullandheimaufenthalt erleichtern.
Einige Blätter sind bereits vor der Fahrt zu erarbeiten. Sie dienen der Einstimmung, Planung und Vorbereitung (z. B. Kofferseite, Heimwehgeschichte). Einige werden im Laufe des Aufenthaltes dazukommen. Ein weiterer Teil regt zur Nacharbeit an. Abschlussarbeiten wie das Einkleben von Fotos und das Fertigstellen des Umschlages können nach der Rückkehr in der Schule erledigt werden.
Die Vorlagen sind besonders gut für das 2. bis 4. Schuljahr geeignet. „Jahreszeitenrahmen" können passend zur Fahrt mit den entsprechenden Zeilen für das jeweilige Schuljahr umkopiert werden.
Sie können, ebenso wie die Tagebuchseite oder die Nachtwanderungsseite, als Anregung zum freien Schreiben dienen oder auch als Briefpapier. Der Band enthält auch Anregungen, die sich bei schlechtem Wetter im Schullandheim ohne viel Aufwand umsetzen lassen.
Wir empfehlen für die in der Heimwehgeschichte genannten „Heimwehtropfen" Grenadinesirup, der vom Geschmack her den Kindern nicht so geläufig ist. Abgefüllt in ein Apothekenfläschchen und tropfenweise mit einem Teelöffel verabreicht, tut er unserer Erfahrung nach wahre Placebo-Wunder!
Frau Regelein danken wir für die freundliche Unterstützung und Beratung.

Wir wünschen Ihnen und Ihren Schulkindern viel Freude beim Bearbeiten, Gestalten und Fertigstellen des Schullandheimbuches.

Ursula Klotz
Susanne Schöniger

Aus Gründen der leichteren Lesbarkeit und aufgrund der Tatsache, dass in der Grundschule vorwiegend Frauen unterrichten, wird der Begriff „Lehrerin" verwendet.

Das nehme ich mit ins Schullandheim

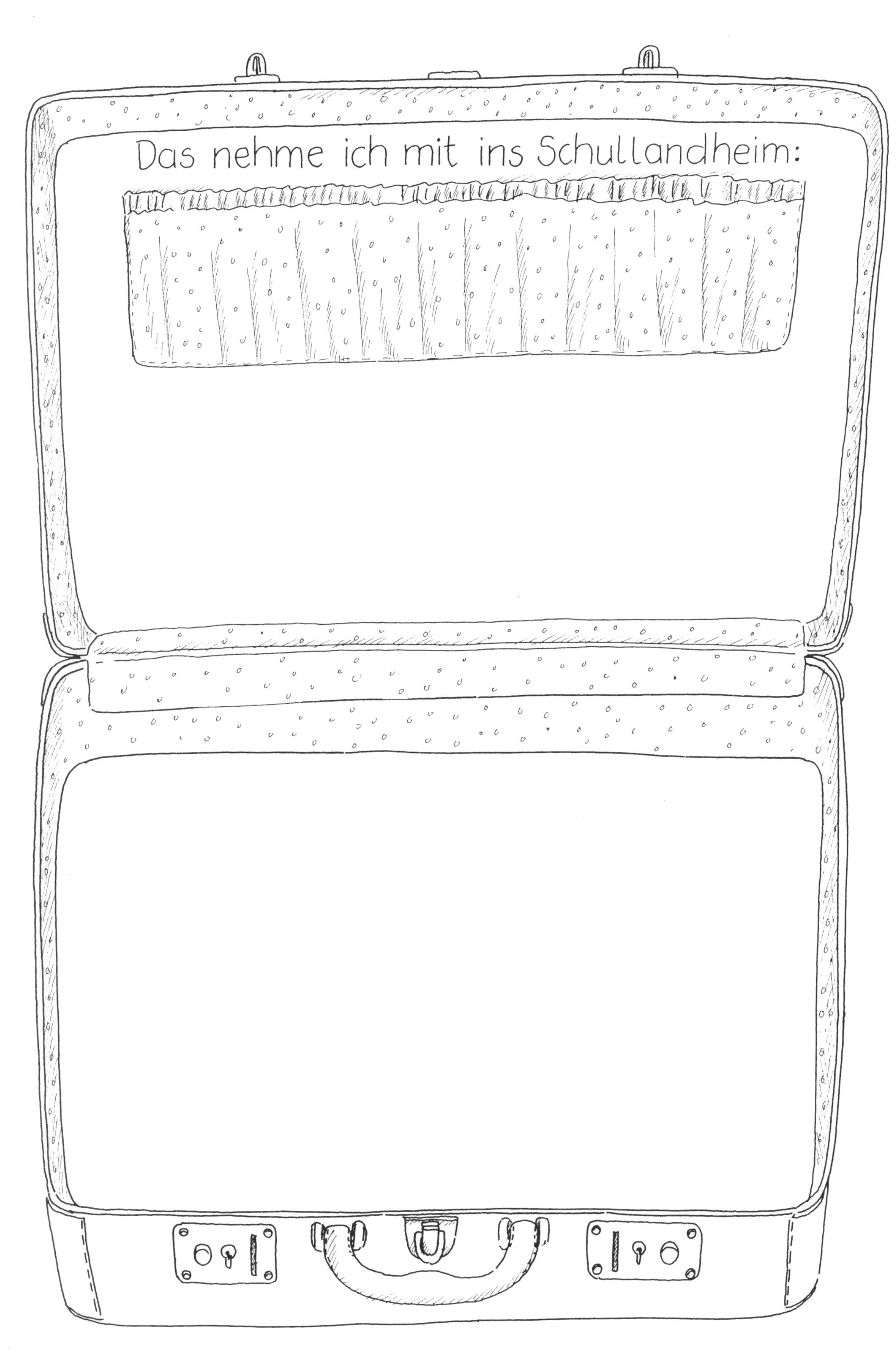

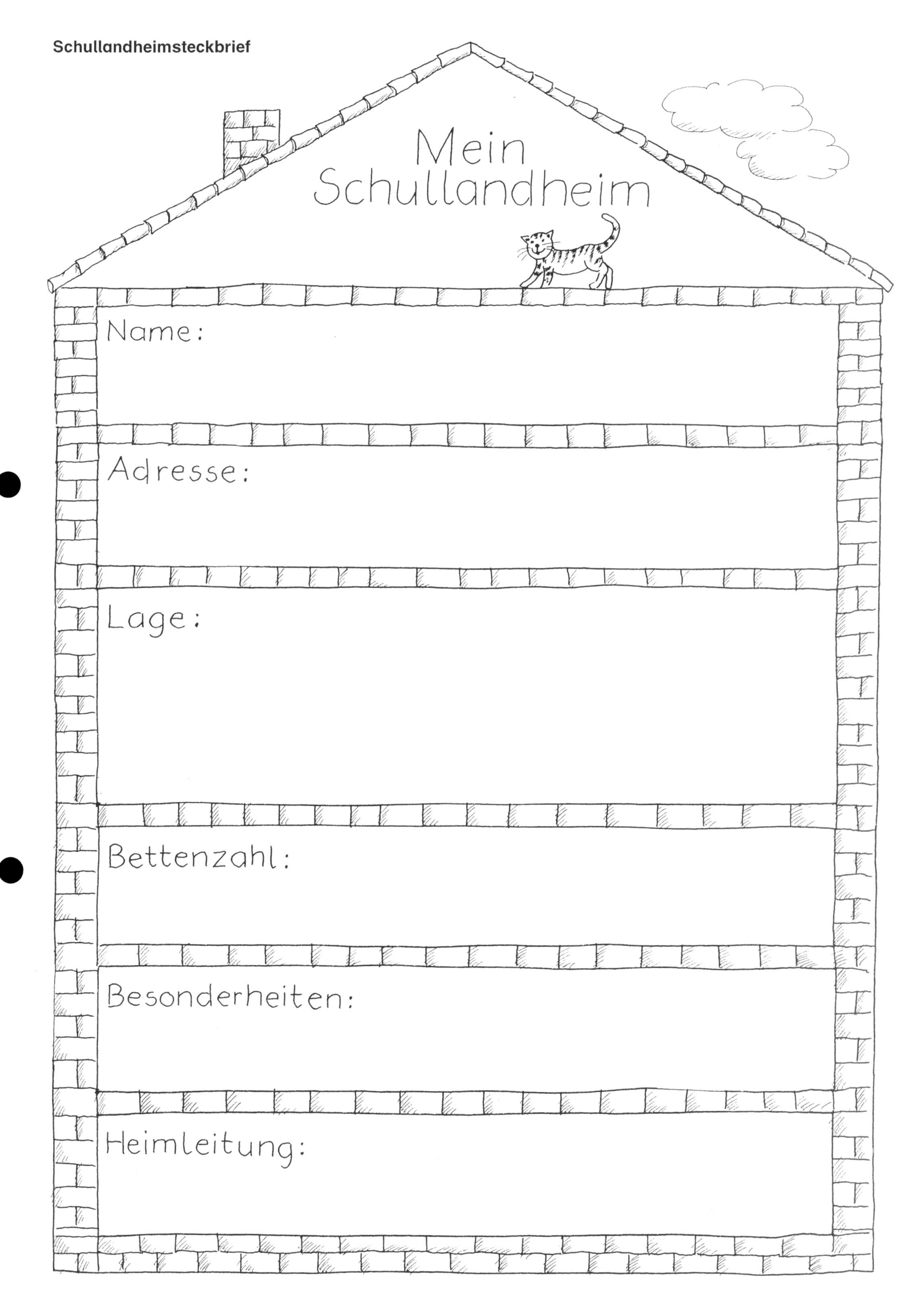
Mein
Schullandheim
Name:
Adresse:
Lage:
Bettenzahl:
Besonderheiten:
Heimleitung:

Hier wohnen:
Unser Zimmername:

Eine SCHULLANDHEIM-Geschichte

Julia beschreibt ihren ersten Tag im Schullandheim auf eine besondere Art. Vielleicht kannst du eine ähnliche SCHULLANDHEIM-Geschichte aufschreiben?

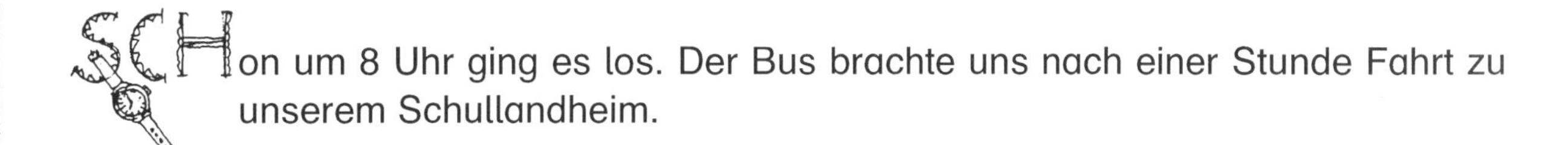

SCHon um 8 Uhr ging es los. Der Bus brachte uns nach einer Stunde Fahrt zu unserem Schullandheim.

Unser Schullandheim liegt am Ortsrand. Gleich dahinter ist ein großer Wald.

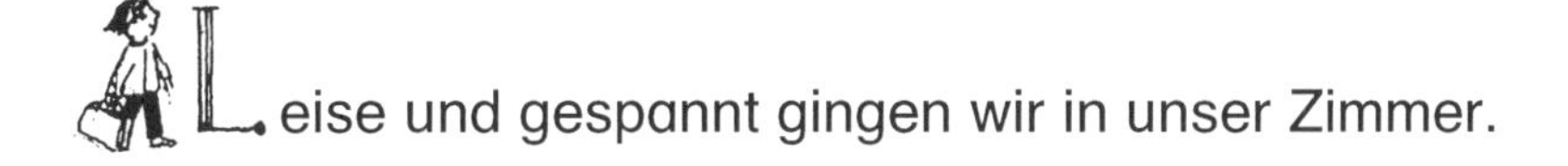

Leise und gespannt gingen wir in unser Zimmer.

Lucia, Paulina, Clara und ich sind zusammen in einem Zimmer.

Am ersten Abend gab es Spagetti mit Tomatensoße.

Nach dem Abendessen las uns Frau Hoffmann noch eine Geschichte vor.

Dann machten wir eine Nachtwanderung. Mit Taschenlampen gingen wir in den tiefen Wald und heulten wie die Wölfe.

Hundemüde kamen wir kurz vor Mitternacht wieder zurück.

Eilig sprangen wir in unsere Betten.

In der Nacht träumte ich von wilden Wölfen. Als ich wach wurde, merkte ich, dass Pauline wie ein Wolf schnarchte.

Mit meinem Kuscheltier „Munkel“ im Arm konnte ich jedoch gleich wieder einschlafen.

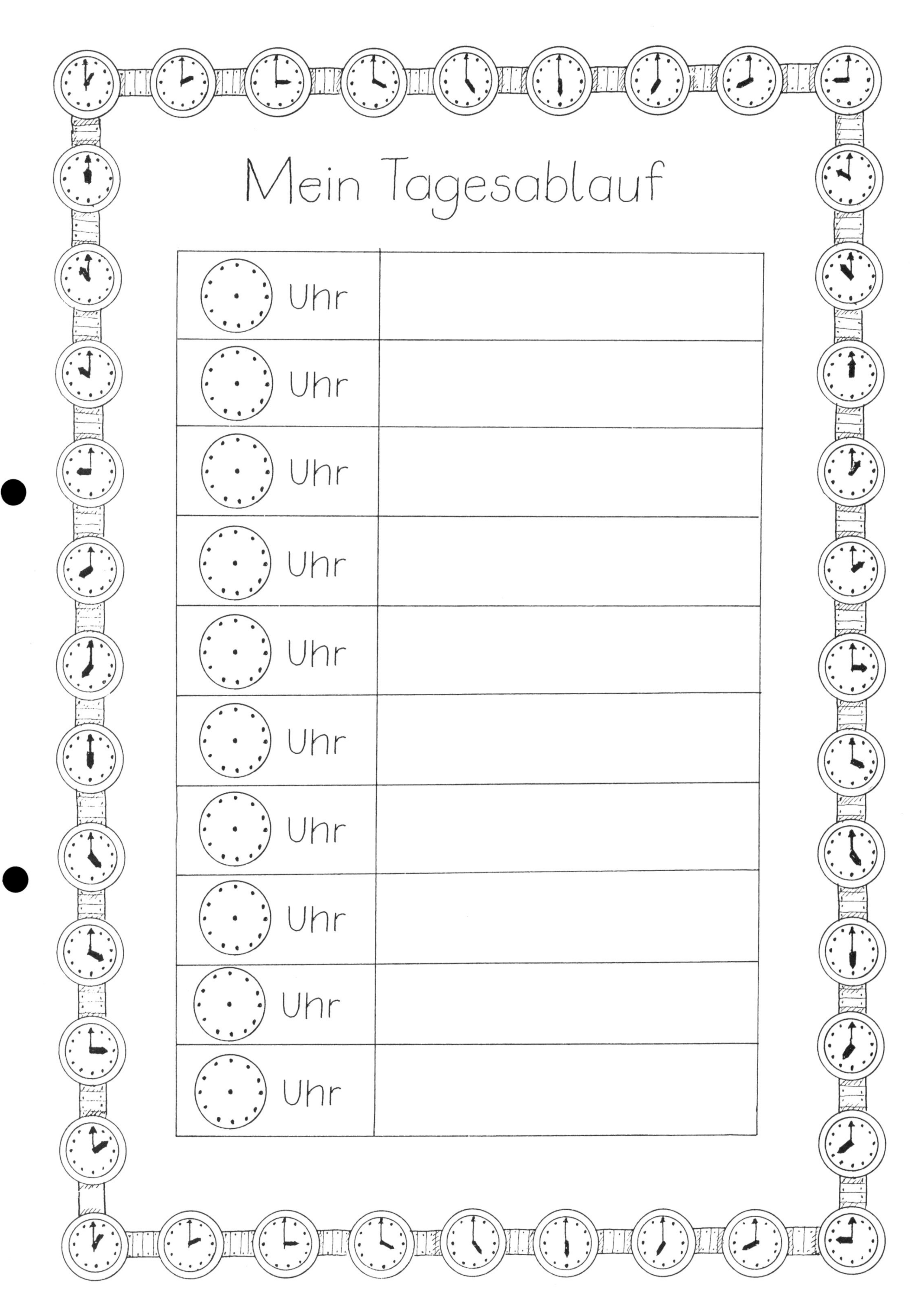
Mein Tagesablauf
Uhr
Uhr
Uhr
Uhr
Uhr
Uhr
Uhr
Uhr
Uhr
Uhr

Mein Tagebuch

Datum: ______________________

Datum: ______________________

vom Schullandheim

Karte mit gepressten Blumen

Du brauchst:

- gepresste Blumen und Gräser
  (Am besten gleich am ersten Tag sammeln und pressen, damit am Ende der Woche die Karten hergestellt werden können.)
- Tonpapier DIN A4
- doppelseitiges Klebeband (5 cm breit)
- Vogelsand
- eine Schere, einen tiefen Teller

Bastelanleitung

① Zuerst knickst du das Tonpapier in der Mitte zu einer Karte.

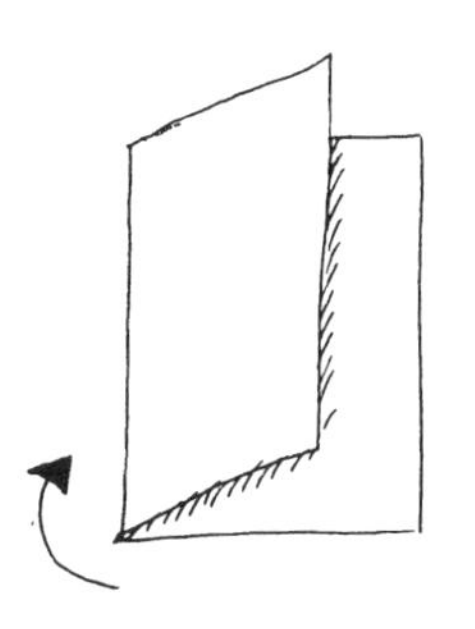

② Danach schneidest du vom doppelseitigen Klebeband zwei Streifen ab (ungefähr 6 cm und 3 cm lang).

③ Diese Streifen klebst du vorne auf deine Karte.

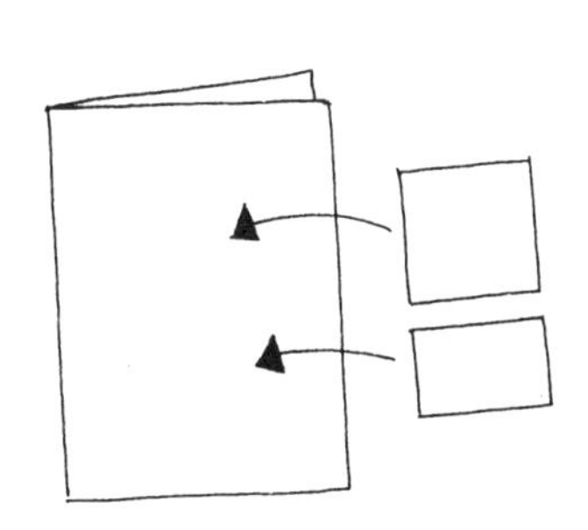

④ Ziehe den Klebestreifen ab.

⑤ Nun kannst du deine gepressten Blumen aufkleben. Drücke die Blumen und Gräser leicht an.

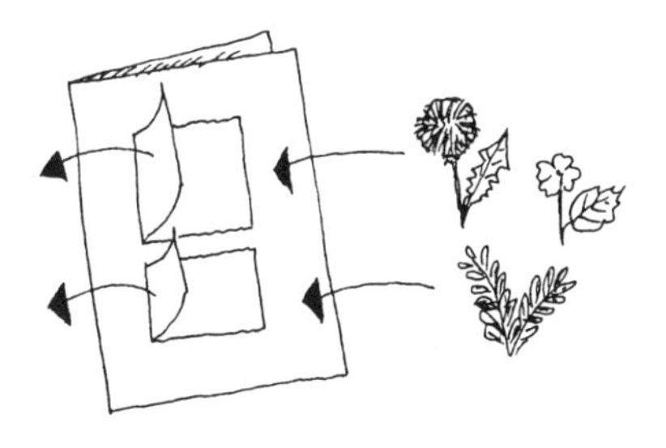

⑥ Fülle Vogelsand in einen tiefen Teller.

⑦ Drücke deine Karte umgedreht so in den Vogelsand, dass das Klebeband ganz bedeckt ist.

Frottage

Für eine Frottage brauchst du:

zwei Bogen Schreibpapier
einen Wachsmalblock oder Graphitblock
ein frisches Blatt, Gräser oder Formen aus dickerem Papier

Lege das Blatt so auf ein Papier, dass die hervorstehenden Adern nach oben zeigen. Decke dann das zweite Papier darüber.
Taste nach dem Blattstängel und halte ihn mit dem linken Zeigefinger fest, damit das Blatt beim Frottieren nicht verrutscht.
Halte den Wachsblock mit der anderen Hand, setze ihn mit der Breitseite auf den Stängel und führe ihn von unten nach oben. Drücke gleichmäßig fest auf. Jetzt hast du den mittleren Teil deines Blattes auf das Papier durchgedrückt.

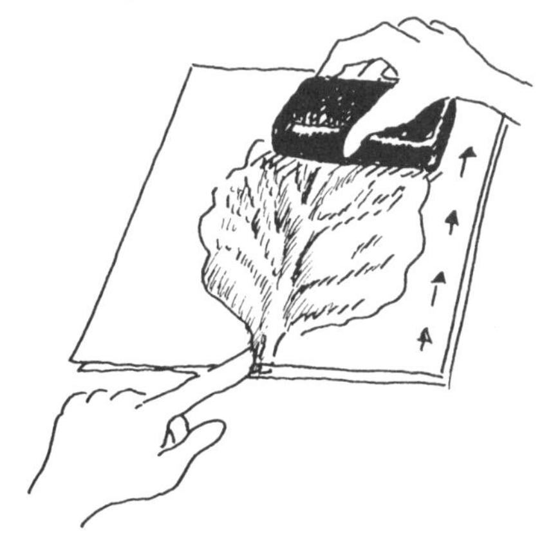

Beginne wieder am Stängel und führe den Wachsblock nochmals von unten nach oben, erst etwas weiter rechts und dann links, bis sich die ganze Blattform auf dein Papier durchgedrückt hat.
Du kannst auch mit zwei verschiedenen Farben arbeiten oder das gleiche Blatt mehrmals an verschiedenen Stellen durchfrottieren.
So hast du eine Pflanze für immer auf dem Papier, ohne dass du sie pressen oder mitnehmen musst.
Du kannst auch Rindenmuster direkt vom Baumstamm abfrottieren oder aus einer einzigen Form ein Gruppenbild herstellen.

Land-Art

Land-Art bezeichnet eine Kunstrichtung aus den USA. Gegenstand und Arbeitsfeld des Künstlers ist die Landschaft, die den Menschen umgibt: die Wiese, der Wald, das Gebirge, die Wüste. Das Naturerleben steht dabei im Vordergrund. Der Künstler verändert die Natur durch raumgreifende Eingriffe und setzt vergängliche Zeichen in die Landschaft, z. B.: Er errichtet Stangen, ordnet pflanzliche Fundstücke an oder schichtet Platten und Steine auf. Tiefere Eingriffe sind das Ausheben von Gräbern oder das Anordnen von Wällen. Die Gestaltung ist dabei nicht nur abhängig vom Künstler, sondern auch von den Gegebenheiten in der Natur. Witterungseinflüsse wie Wind, Regen, Sonne oder Schnee verändern das vom Künstler geschaffene Werk ständig, bis die Gestaltungskräfte der Natur wieder überwiegen.

Vor allem im Schullandheim lassen sich die Kinder gut für ästhetisches Erleben in der Natur sensibilisieren. Denn hier „liegt" die Natur quasi „vor der Tür" und es kann über mehrere Tage hinweg gearbeitet werden.

Bilder, Muster oder Figuren aus Naturmaterialien

Dazu sammeln die Kinder z. B. kleine Ästchen, Haselnüsse, Eicheln, Kastanien, Zapfen, Steine, Gräser, Beeren, Stängel, verschiedenfarbige Blätter, Wiesenblüten, Rindenstücke...
Dabei dürfen sie die Natur nicht zerstören, sondern nur etwas nehmen, wenn es der Natur nicht schadet, z. B. Dinge, die auf dem Boden liegen.
Natürlich dürfen sie keine Materialien aus den Werken anderer Kinder entfernen oder auf deren Bilder steigen.
Nach dem Betrachten und Fotografieren der fertigen Kunstwerke können die Kinder die Bilder anderer Kinder umlegen und ergänzen.

Material: Für jedes Kind eine ca. 4 m lange Schnur, Naturmaterialien, Kopiervorlage „Landschaftskünstler" (S. 12)

Landschaftskünstler

1. Wähle eine Stelle aus, an der du die Landschaft gestalten möchtest und lege deine Schnur darum.
2. Warum hast du diese Stelle gewählt?

   Diese Stelle gefällt mir, weil ______________________________

   ____

   ____

   ____

   An dieser Stelle fällt mir auf: ______________________________

   ____
3. Betrachte deine Stelle genau. Welche Dinge entdeckst du, die du bisher nicht bemerkt hast? ______________________________

   ____

   ____
4. Schließe die Augen und stelle dir deinen Ort genau vor.
5. Wie würdest du deine Stelle gerne verändern? ______________________________

   ____

   ____
6. Sammle in der Umgebung Material, mit dem du arbeiten kannst.

   Das habe ich gesammelt: ______________________________

   ____

   ____
7. Ordne dein Material so an, wie es dir gefällt. Was fühlst du beim Legen?

   ____

   ____
8. Welche Geräusche kannst du hören? ______________________________

   ____
9. Was kannst du riechen? ______________________________

   ____
10. Wie wirkt deine Stelle jetzt auf dich? ______________________________

    ____

Medaillon

Du brauchst: ein kleines Stück Efaplast-Masse
frische Gräser
ein Lineal
einen Bleistift
Deckfarben
ein Band

Zuerst knetest du dein Efaplast-Stück wie Knetmasse und formst eine runde Kugel.
Dann drückst du die Kugel mit einem Lineal vorsichtig flach. Streiche die Ränder sorgfältig glatt.
Jetzt hast du einen runden Taler.
Drücke mit dem gespitzten Bleistift oben ein kleines Loch in die Masse, damit du später ein Band durchziehen kannst.
Lege auf dem Medaillon die Gräser zurecht und drücke sie mit dem Lineal vorsichtig in die Masse ein.
Wenn du das Lineal wegnimmst und die Gräser sorgfältig entfernst, bleibt der Abdruck auf dem Medaillon zurück.
Wenn das Medaillon durchgetrocknet und gehärtet ist, kannst du es mit Deckfarben bemalen.
Entweder bemalst du nur innen die Abdrücke oder nur das Äußere.
Du kannst das Medaillon auch lackieren, damit die Farbe nicht abgeht.
Wenn du kein Loch in dein Medaillon machen willst, kannst du auf der Rückseite auch eine Broschennadel festkleben.

So schreibe ich einen Brief

Ort Datum

_______________, _______________

Anrede

____

Text

____

Abschiedsgruß

____

Unterschrift

____

Briefumschlag

Anleitung:
Den Briefumschlag entlang der äußeren Umrisslinie ausschneiden. An den gestrichelten Linien knicken. Dann die schräg gestrichelte Fläche mit Klebstoff bestreichen. Den fertigen Brief einlegen und den Umschlag zusammenkleben. Absender und Adresse nicht vergessen!

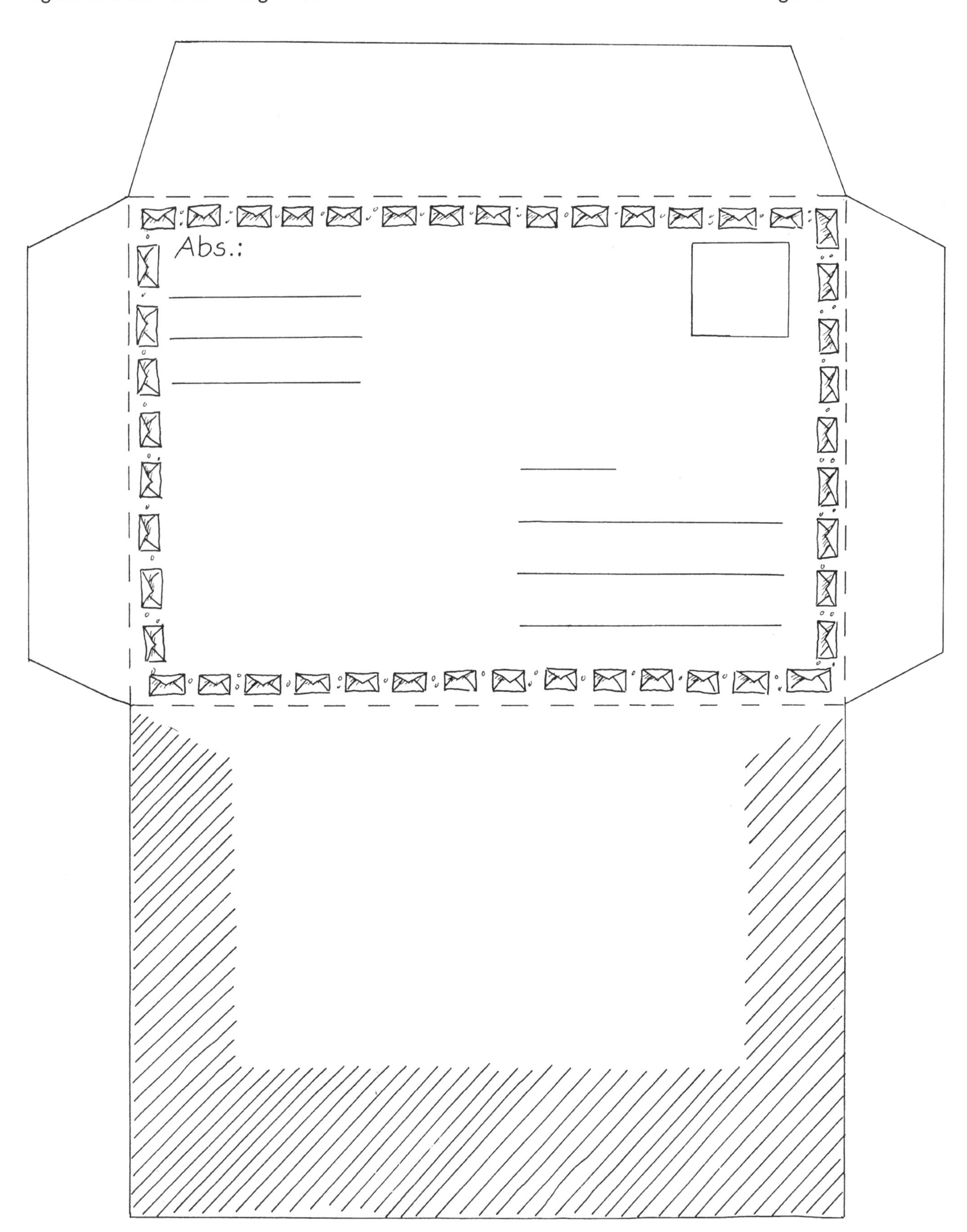

Spaß-Olympiade

An diesem „Wettstreit“ kann die ganze Klasse zu (beinahe) jeder Jahreszeit teilnehmen. Die benötigten Materialien sind einfach zu beschaffen, leicht zu transportieren und können zum Teil auch im Schullandheim ausgeliehen werden.
Die Klasse wird in Vierergruppen eingeteilt, ungeachtet der Sportlichkeit der Kinder.

Luftballonstaffel

Material: ein Luftballon für jedes Kind

Alle Kinder einer Gruppe stehen hinter der Startlinie und haben jeweils einen aufgeblasenen und zugeknoteten Luftballon in der Hand. Auf den Anpfiff hin startet das erste Kind und läuft mit dem Ballon in der Hand bis zur Wendemarke. Bei dieser setzt es sich auf den Ballon und lässt ihn platzen. Ohne Luftballon läuft das Kind zurück zu seiner Mannschaft. Nach dem Abschlagen mit der Hand startet das nächste Kind.

Paarrennen

Material: ein Band, eine Kordel oder einen Weckgummi für jeweils zwei Kinder

Zwei Kinder werden an den Fußgelenken mit einem Weckgummi o. Ä. zusammengebunden. Nach dem Startsignal soll gemeinsam ein Parcours möglichst schnell durchlaufen werden.

Reifenlauf

Material: für jede Vierergruppe einen Reifen aus dem Sportunterricht

Die Kinder einer Gruppe stehen alle zusammen in einem Reifen. Alle Gruppen stehen hinter der Startlinie. Auf ein Startzeichen hin laufen die vier Kinder gemeinsam im Reifen die Strecke bis zur Wendemarke und wieder zurück.

Tischtennisball-„Eierlauf“

Material: für jede Gruppe einen Esslöffel und einen Tischtennisball

Alle Kinder stehen hinter der Startlinie. Auf den Anpfiff hin startet das erste Kind mit dem Esslöffel in der Hand, auf dem der Tischtennisball zu transportieren ist. Es soll mit dem Ball – ohne ihn zu verlieren – um eine Wendemarke herumlaufen und ihn dann dem nächsten Kind der Staffel übergeben. Lässt ein Kind seinen Ball fallen, muss es ihn wieder auf den Löffel legen, bevor es seinen Lauf fortsetzen kann.

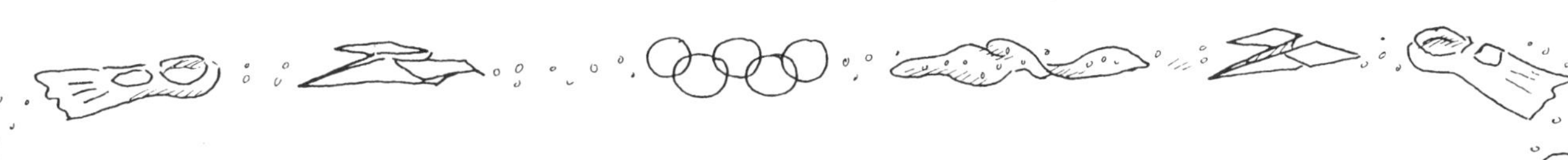

Spaß-Olympiade

Papierflieger-Zielschießen

Material: für jedes Kind einen Papierflieger
für jede Gruppe einen Reifen aus dem Sportunterricht

Zunächst bastelt jedes Kind einen Papierflieger. Dann stellt sich jede Mannschaft hinter einer Ziellinie auf. Der Reifen wird in eine Entfernung von ca. 3 – 4 m gelegt. (In einer Proberunde lässt sich die optimale Entfernung ermitteln.) Ein Kind beginnt auf ein Startzeichen hin, seinen Flieger gleiten zu lassen und in den Reifen zu treffen. Ist ihm dies gelungen, ist das nächste Kind an der Reihe.

„Blinde Kuh"-Staffel

Material: für jede Vierergruppe ein Tuch zum Verbinden der Augen und einen Reifen aus dem Sportunterricht

Einem Kind der Gruppe werden die Augen verbunden. Es steht mit seinem „Anweiser" hinter der Startlinie. Die beiden anderen Kinder der Gruppe bilden auf halber Strecke zur Wendemarke ein „Tor" mit dem Reifen. Nach dem Anpfiff läuft die „Blinde Kuh" dirigiert von den Zurufen des Anweisers in Richtung der Wendemarke. Auf dem Weg dorthin und wieder zurück muss jeweils der Reifen durchquert werden.

Flossenstaffel

Material: für jede Gruppe ein Paar Taucherflossen, die die Kinder von zu Hause mitbringen

Jede Gruppe steht hinter der Startmarke. Das erste Kind hat die Taucherflossen angelegt und soll nach dem Startsignal die abgesteckte Strecke möglichst schnell durchlaufen. Wenn das Kind seine Gruppe wieder erreicht, gibt es die Flossen an den nächsten Starter weiter.

Die Punkteverteilung und Ermittlung der Siegergruppe

Wie bei Staffelläufen hat jeweils die Gruppe gewonnen, deren Mitglieder zuerst die vorgegebene Strecke durchlaufen haben. Bei dieser Art der Siegerermittlung sind alle Kinder in Aktion und der Sieger kann sofort bestimmt werden. Es ist jedoch wichtig, den Kindern zu sagen, dass sie auch für den zweiten und dritten Platz Punkte gewinnen können. Sollte der Raum zu klein sein, kann man die einzelnen Gruppen die Läufe auch hintereinander ausführen lassen und den Sieger per Stoppuhr bestimmen.

Bewegungsspiele mit Zeitungen für drinnen

Schlechtes Wetter im Schullandheim ist zwar keiner Klasse zu wünschen, aber leider haben wir auf die Launen des Himmels keinen Einfluss.
Sollte es nicht möglich sein, den Tag mit der Klasse im Freien zu verbringen, so lassen sich folgende Bewegungsspiele im Haus durchführen. Als einziges „Sportgerät" wird eine Zeitung benötigt, genauer gesagt, jedes Kind bekommt ein Doppelblatt einer Tageszeitung. Noch mehr Spaß machen die Übungen, wenn sie mit schwungvoller Musik begleitet werden.
Die Bewegungsübungen werden alleine oder mit einem Partner ausgeführt.

Das Doppelblatt der Zeitung liegt ausgebreitet vor jedem Kind.

(1) Hüpfen mit beiden Beinen um die Zeitung, die Hände in die Hüften gestützt.
(2) Hüpfen mit einem Bein um die Zeitung, die Hände in die Hüften gestützt.
(3) Liegestützen über der Zeitung.
(4) Zwei Partner stellen sich einander gegenüber auf und geben sich die Hände über Kreuz. Nun drehen sie sich um die Zeitung, ohne diese zu berühren oder wegfliegen zu lassen.
(5) Zwei Partner stellen sich gegenüber auf und geben sich die Hände. Sie hüpfen wechselseitig von einem Bein auf das andere, ohne die Zeitung zu berühren oder zu bewegen.

Die Zeitung wird in der Mitte gefaltet. Das Zeitungsblatt liegt der Länge nach vor jedem Kind.

(6) Die Kinder stehen mit geschlossenen Beinen vor der Zeitung, springen mit gegrätschten Beinen neben die Mitte des Blattes und landen am vorderen Ende wieder mit geschlossenen Beinen.
(7) Die Kinder sitzen so am Ende der Zeitung, dass diese zwischen ihren gegrätschten Beinen Platz hat.
- Die gestreckten Beine werden nun über der Zeitung in der Luft geschlossen und wieder neben der Zeitung abgelegt.
- Die gestreckten Beine werden in einer Scherenbewegung über der Zeitung hin- und hergeführt und dann wieder seitlich der Zeitung abgelegt.

(8) Die Kinder sitzen mit angezogenen Beinen vor der Zeitung, heben nun die Beine über das Papier und setzen sie nahe beim Körper wieder ab. Die Zeitung wird dabei nicht berührt.
(9) Zwei Partner sitzen sich mit gegrätschten Beinen gegenüber. Zwischen ihnen liegt eine Zeitung, die sie nicht berühren sollen. Je nach Körpergröße wird dazu die Zeitung etwas kleiner gefaltet. Die Kinder fassen sich an den Händen und lassen die Oberkörper kreisen.
(10) Zwei Kinder stehen sich mit ausgestreckten Armen gegenüber und legen sich das Zeitungsblatt auf die ausgestreckten Arme:
- Sie drehen sich möglichst schnell im Kreis, ohne die Zeitung zu verlieren.
- Sie hüpfen auf der Stelle von einem Bein auf das andere oder mit beiden Beinen gleichzeitig, ohne dass die Zeitung herunterfällt.

Die Zeitung wird quer zu einer festen Rolle zusammengerollt.

(11) Die Rolle wird balanciert.
(12) Die Kinder halten die Rolle an beiden Enden und steigen vor- und rückwärts darüber.
(13) Ein Partner hält die Rolle an einem Ende und führt sie am Boden hin und her, der andere springt darüber.

Zum Abschluss knüllen alle Kinder die Zeitung zu einem festen Knäuel zusammen und werfen sie von einer Markierung aus in den Abfalleimer.

Spiel, Sport und Spaß

Folgende Spiele können sowohl im Freien als auch in der Halle gespielt werden. Diese Spiele erfordern nur einfache „Sportgeräte“ und haben keinen Wettkampfcharakter.

Spiele mit hoher Bewegungsintensität

① Zombie-Ball

Material: ein Softball
Ort: begrenztes Spielfeld im Freien oder Turn- bzw. Gymnastikhalle

Alle Kinder der Klasse verteilen sich beliebig. Die Lehrerin wirft den Ball auf das Spielfeld. Ein Kind fängt den Ball und soll nun ein weiteres Kind abwerfen. Der Werfer darf jedoch mit dem Ball in der Hand nur drei Schritte machen. Kann das getroffene Kind den Ball fangen, wirft es selbst andere Kinder ab. Prallt der Ball dagegen von seinem Körper ab, muss es sich an Ort und Stelle auf den Boden setzen. Das Kind, das den Ball erwischen kann, führt das Spiel weiter. Das getroffene Kind bleibt so lange am Boden sitzen, bis der Ball zufällig an ihm vorbeirollt. Dann kann es sich den Ball schnappen, aufstehen und wieder am Spiel teilnehmen. Damit nicht ein Kind ständig als Werfer fungiert, während die anderen nicht zum Zuge kommen, gilt: Zwei Kinder dürfen sich nicht gegenseitig „befreien“ und kein Kind darf zweimal direkt hintereinander den Ball haben.

② Zauberer

Material: keines
Ort: begrenztes Spielfeld im Freien oder Turn- bzw. Gymnastikhalle

Alle Kinder stellen sich in einem Kreis mit dem Gesicht zur Mitte auf und schließen die Augen. Die Lehrerin geht um den Kreis herum, tippt zwei Schülern auf den Rücken und bestimmt sie damit zum „Zauberer“. Auf ein Zeichen der Lehrerin beginnt das Spiel und alle Kinder laufen durch die Halle. Die „Zauberer“, die von ihren Klassenkameraden zunächst nicht erkannt werden, „verzaubern“ nun ihre Mitschüler, indem sie sie abschlagen und „verzaubert“ dazu sagen. Die „verzauberten“ Kinder bleiben auf der Stelle stehen und stellen sich mit umgedrehten Handflächen hin. Durch Abklatschen mit beiden Händen und mit dem Wort „befreit“ können sie von jedem Kind von ihrem Zauber erlöst werden und nehmen dann wieder am Spiel teil.

③ Drachenschwanzjagen

Material: ein Tuch für je acht bis zehn Kinder
Ort: begrenztes Spielfeld im Freien oder Turn- bzw. Gymnastikhalle

Acht bis zehn Kinder bilden je einen Drachen und umfassen jeweils die Taille des Vordermannes. Das letzte Kind steckt sich ein Tuch in den Hosenbund. Der Drachenkopf, das erste Kind, versucht, den „Schwanz" zu fangen. Der gesamte Drache bemüht sich durch geschickte Ausweichmanöver dies zu verhindern. Wurde der Schwanz schließlich gefangen, tauschen die Kinder die Plätze innerhalb des Drachen.

Ruhige Spiele

④ Löwenjagd

Material: keines
Ort: begrenztes Spielfeld im Freien oder Turn- bzw. Gymnastikhalle

Zwei Kinder werden als „Jäger" bestimmt, die anderen sind die „Löwen". Die „Löwen" liegen auf dem Rücken in der Savanne (d.h. auf dem Spielfeld) in der Sonne und ruhen sich aus, ohne die Augen zu schließen. Die „Jäger" halten die „Löwen" für tot, solange diese sich nicht rühren. Kann aber ein „Jäger" einem „Löwen" durch Grimassen eine Bewegung oder auch nur ein Lächeln entlocken, wird dieser „Löwe" auch zum „Jäger".

⑤ Auto

Material: keines
Ort: begrenztes Spielfeld im Freien oder Turn- bzw. Gymnastikhalle

Immer zwei Kinder bilden ein Auto. Das vordere Kind schließt die Augen und streckt die Arme nach vorne aus. Das hintere Kind lenkt das Auto durch leichten Druck auf die linke oder rechte Schulter. Dabei müssen die Kinder darauf achten, dass sie nicht zusammenstoßen.

Spiele zur Gruppenfindung

⑥ Familie Huber, Familie Maier, Familie Schmidt

Material: keines
Ort: begrenztes Spielfeld im Freien oder Turn- bzw. Gymnastikhalle

Familie Huber besteht aus drei, Familie Maier aus vier und Familie Schmidt aus fünf Personen. Alle Kinder laufen frei auf dem Spielfeld herum. Ruft die Lehrerin nun „Familie Huber", müssen sich die Kinder zu Dreiergruppen zusammenfinden. Beim Ruf „Familie Maier" bilden die Kinder Vierer- und bei „Familie Schmidt" Fünfergruppen.

Wir sind eine klasse Klasse!

(Aus: *Bauer, Manfred,* Wir sind eine klasse Klasse.

Selbst gebastelte Trommeln

Du brauchst: einen Blumentopf aus Ton (Durchmesser 15 cm)
eine Rolle Butterbrotpapier
angerührten Tapetenkleister
eine Schere
einen Bleistift

Bastelanleitung:

Schneide 10 Stücke in der Länge von ungefähr 25 cm vom Butterbrotpapier ab.

Stelle den Blumentopf umgedreht auf das Butterbrotpapier und zeichne den Umfang mit Bleistift auf das Papier. Wiederhole dies mit allen Papierstücken.

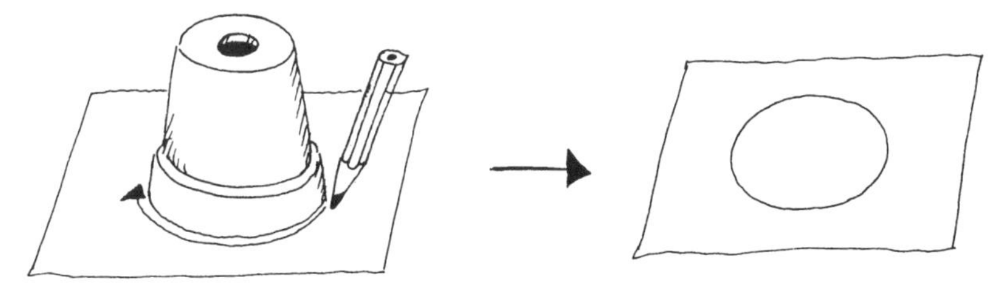

Ziehe um die gezeichnete Linie noch einmal einen neuen Kreis im Abstand von vier Fingern. Schneide entlang dieser neuen Linie alle zehn Kreise aus.

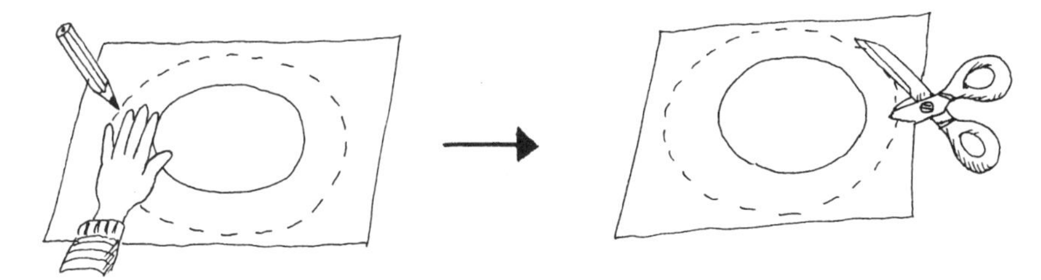

Jetzt beginnt die Arbeit mit dem Kleister.
Zuerst kleisterst du den oberen Außenrand des Blumentopfes ein. Dann legst du die erste Lage Papier darauf und drückst sie an. Sie muss ganz glatt sein.
Bestreiche nun die gesamte Oberfläche und den Außenrand mit Kleister und klebe die nächste Lage Papier darauf. So geht es immer weiter: Jede Lage Papier wird einzeln nacheinander darüber geklebt.
Wichtig: Das Papier muss immer ganz glatt sein.

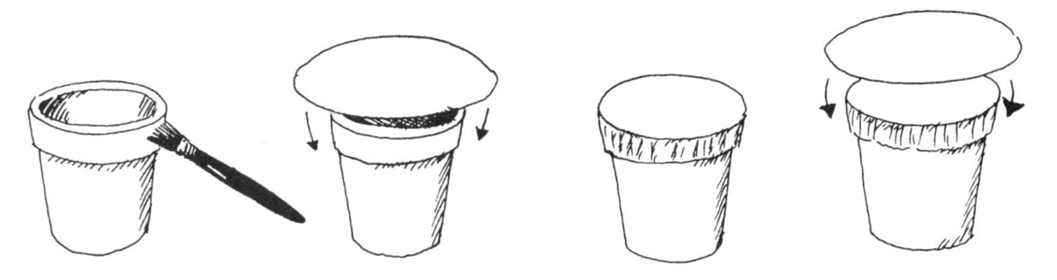

Wenn die Trommeln trocken sind, kannst du sie bemalen.

Der Regenstab

Die Atakatama-Wüste in Chile ist eine der trockensten Gegenden der Welt. Vor allem Kakteen können hier wachsen.
Vor langer Zeit kam jemand auf die Idee, aus Kaktusholz einen Regenstab zu basteln. Bewegt man ihn, klingt das, als ob Regentropfen auf Blätter fallen.
Wenn es früher lange nicht geregnet hat, rief der Hohepriester mit einem reich verzierten Regenstab den Regengott an und bat um Regen. Als dann endlich Regen fiel, begannen die Pflanzen wie durch ein Wunder zu blühen.
Später baten auch die Bauern mit einem einfachen Regenstab um Regen für die Maisernte.
Heute schütteln die Menschen Regenstäbe als Begleitung zur Musik.

So wird ein Regenstab hergestellt:

In das hohle Kaktusholz steckt man die langen Kaktusdornen.
Dann füllt man kleine Kieselsteine in das hohle Rohr und verschließt beide Enden des Holzes fest, damit die Kieselsteine nicht herausfallen können. Außen wird der Stab mit geflochtenen Bändern verziert. Bewegt man nun den Regenstab, rieseln die Kieselsteine über die Dornen und klingen dabei wie Regentropfen.

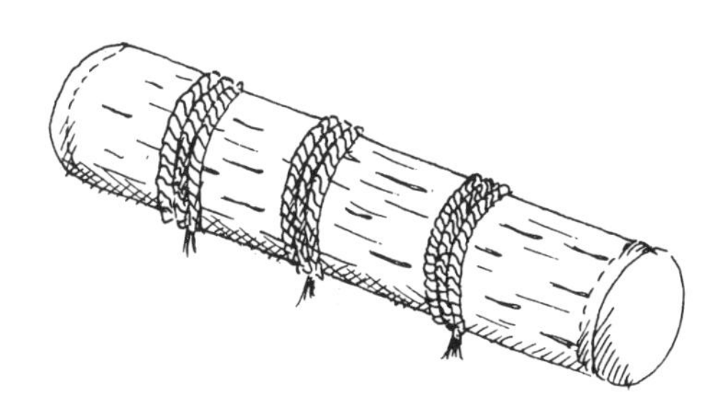

Hast du aufmerksam gelesen?
Beantworte die Fragen möglichst genau.

1. Woraus werden Regenstäbe hergestellt?

____

2. In welchem Land verwendet man Regenstäbe?

____

3. Wozu werden Regenstäbe heute verwendet?

____

4. Was befindet sich im Inneren eines Regenstabs?

____

Wir basteln einen Regenstab

Du brauchst: die Papprolle einer Küchenrolle
Zahnstocher
eine Bastelzange
einen dünnen Handbohrer
kleine Kieselsteine
Zeitungspapier
Kleister
Wandfarbe
Deckfarben
farblosen Lack

Bastelanleitung:

① Bohre zuerst in die Küchenpapprolle mit dem Handbohrer kleine Löcher und stecke Zahnstocher hinein.

② Knipse die Spitzen der Zahnstocher, die aus der Rolle herausstehen, mit einer Zange ab.

③ Verschließe ein Ende mit einem Deckel aus Zeitungspapier und Kleister und lasse es gut trocknen.

④ Fülle nun die Kieselsteine ein und verschließe das untere Ende ebenso.

⑤ Bedecke die ganze Rolle vollständig mit mehreren Schichten aus Zeitungsschnipseln und Kleister und lass sie gut durchtrocknen.

⑥ Zuletzt wird der Regenstab bemalt:
- Zuerst mit Wandfarbe grundieren,
- dann schöne Muster aufmalen,
- schließlich alles lackieren, damit die Farbe nicht abgeht.

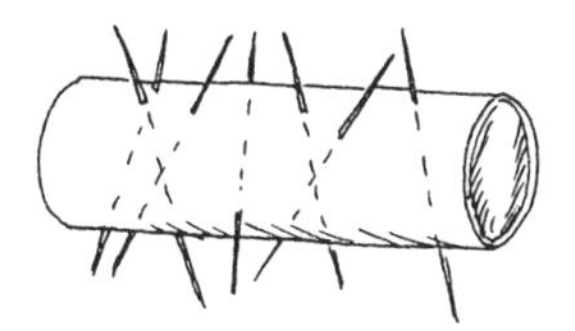
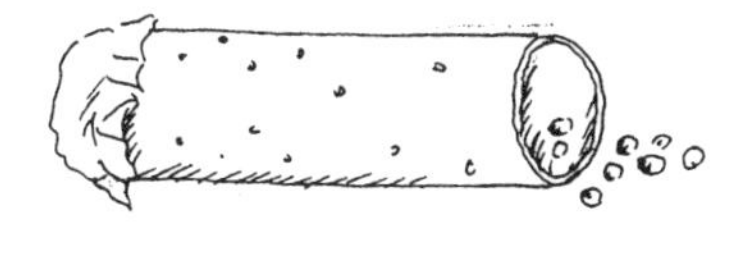
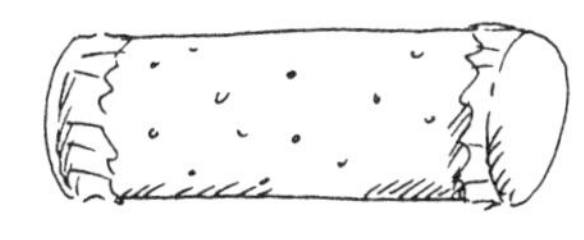
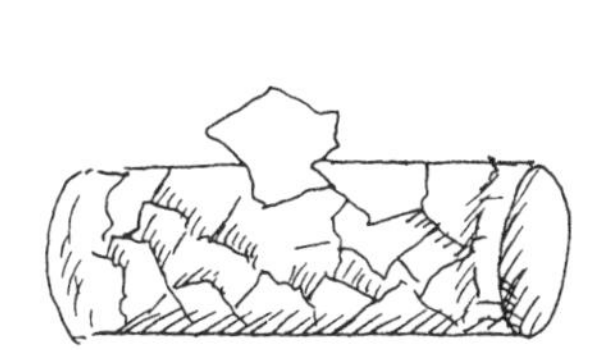
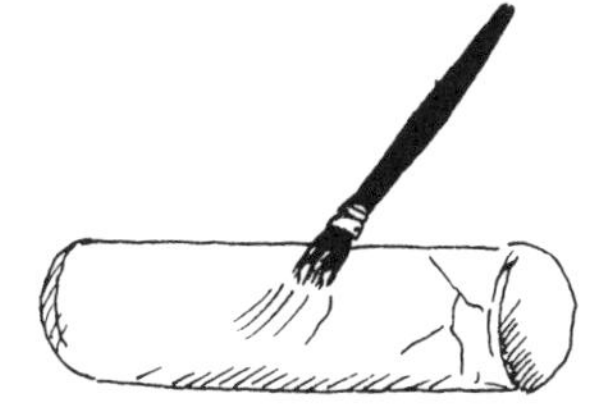

Klassenfahrt zum Mond
Text und Melodie: Manfred Bauer
Refrain
G C
Hast du so - was schon er - lebt? Ei - ne
D7 G
Klas - sen - fahrt, ei - ne Klas - sen - fahrt! Hast du so - was schon er -
C D7 G 2
lebt? Ei - ne Kla - sen - fahrt zum Mond!
A7 D
1. Wir ver - las - sen die - se schö - ne Welt. Wir
2. Wir las - sen uns - re Schu - le da. Wir
3. Wir su - chen dann den Mann im Mond und
4. Und hö - ren wir den Mond - mann dann: „Hier gibt's
5. Ja, weil es uns hier so ge - fällt und die
6. Und weil die Fahrt so gut ge - lang, ver -
A7 D A7
star - ten Rich - tung Mond. Wir flie - gen durch das
sa - gen ihr „A - de“. Wir ru - fen al - le
tref - fen wir ihn an, dann fra - gen wir nur
Fe - rien 's gan - ze Jahr“, dann blei - ben wir auf
Zeit so schnell ver - rinnt, drum war - ten wir hier
sprach uns Leh - rer Pars, drum flie - gen wir im
D A7
Ster - nen - zelt bis hi - nauf zum schö - nen
laut: „Hur - ra“, denn wir stei - gen in die
so zum Spaß: „Wann fängt denn hier die Schu - le
dem Pla - net ger - ne noch ein Weil - chen
ger - ne noch, bis auf der Er - den Fe - rien
nächs - ten Jahr schon hi - nauf, hi - nauf zum
D D7 Refrain
Mond.
Höh.
an?“
da.
sind.
Mars.
Hast du
(Aus: Bauer, Manfred, Wir sind eine klasse Klasse. © 1997 Domino Verlag Günther Brinek GmbH München)

Heute ist Wandertag

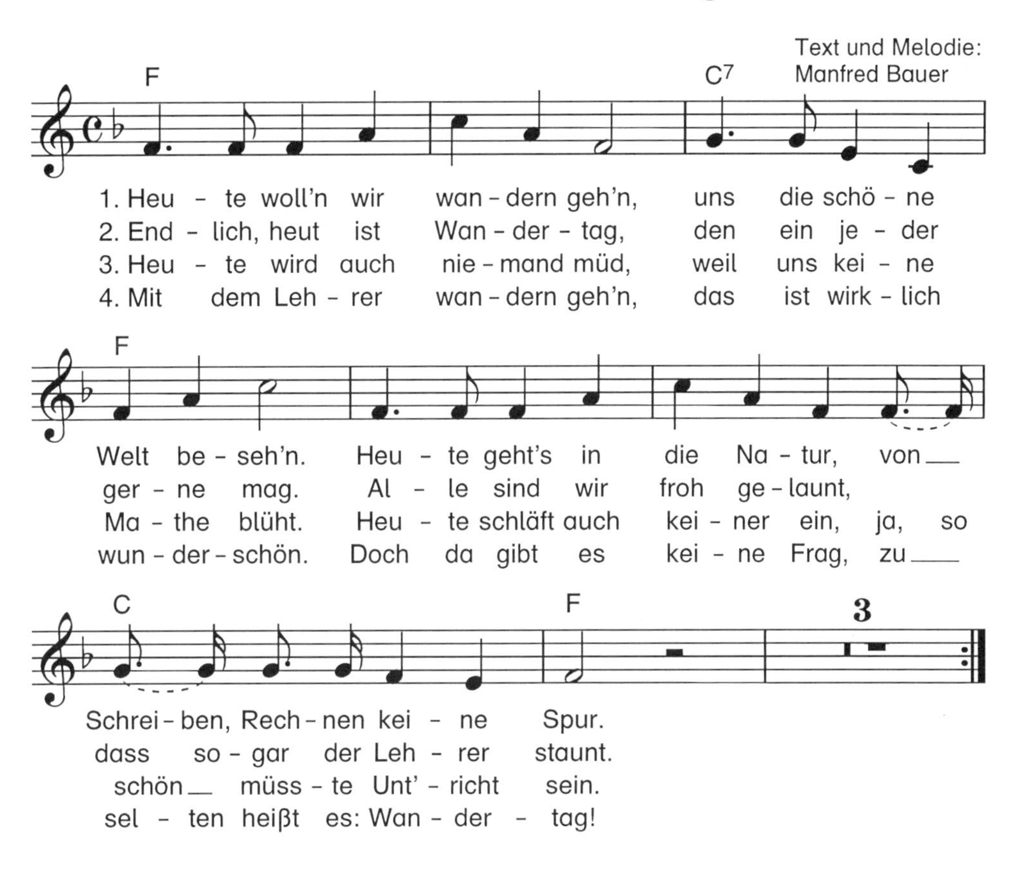

Hab ’ne Tante in Marokko

Bei diesem Lied handelt es sich um ein eingängiges, von der Melodie her sicher teilweise bekanntes Lied. Freude macht es vor allem durch die Verknüpfung von Singen und Bewegung.
Dabei wird immer eine Strophe gesungen und die schräg gedruckten Wörter werden durch die entsprechenden Bewegungen parallel dazu dargestellt. Die Lehrerin heftet als Gedächtnisstütze die passende Bildkarte an die Tafel oder Wand.
Nach jeder Strophe folgt ein Zwischenrefrain mit der bekannten Melodie aus dem Lied „Von den blauen Bergen“:

Singen ja-ja, jipie-jipie-je’i,
singen ja-ja, jipie-jipie-je’i,
singen, ja-ja, jipie-jipie-ja-ja,
jipie, jipie-ja-ja, jipie-jipie-je’i. – HIP-HOP – (parallel dazu die Bewegungen)

Anschließend folgt nun noch einmal die aus der ersten Strophe bekannte Bewegung: Die Kinder deuten zuerst mit dem Daumen der linken Faust über die linke Schulter (beim Wort *hip*) und dann mit dem Daumen der rechten Hand über die rechte Schulter (beim Wort *hop*).

Nach dem Refrain werden alle Bewegungen der vorhergehenden Strophen aneinander gefügt und ausgeführt. Als Gedächtnisstütze dienen die Bildkarten.

Am Ende des Liedes ist dann zu singen:

Singen ja-ja, jipie-jipie-je’i,
singen ja-ja, jipie-jipie-je’i,
singen, ja-ja, jipie-jipie-ja-ja,
jipie, jipie-ja-ja, jipie-jipie-je’i. – HIP-HOP – (parallel die Bewegungen)
– HIP-HOP – (parellel die Bewegungen)
– BIMM-BAMM – (parallel die Bewegungen)
– OOOH – (parallel die Bewegungen)
– JUHUU – (parellel die Bewegungen)

HAB 'NE TANTE IN MAROKKO

(Aus: *Schöntges, Jürgen* (Hrsg.) Freche Lieder – liebe Lieder. © 1987 Büchergilde Gutenberg, Frankfurt am Main, Olten, Wien)

2. Und sie reitet auf Kamelen, wenn sie kommt – *hip-hop,*
und sie reitet auf Kamelen, wenn sie kommt – *hip-hop,*
und sie reitet auf Kamelen und sie reitet auf Kamelen und sie reitet auf Kamelen,
wenn sie kommt – *hip-hop.*

Bei **hip** deuten die Kinder mit dem Daumen der linken Faust über die linke Schulter.
Bei **hop** deuten die Kinder mit dem Daumen der rechten Faust über die rechte Schulter.

3. Und wir läuten alle Glocken, wenn sie kommt – *bimm-bamm,*
und wir läuten alle Glocken, wenn sie kommt – *bimm-bamm,*
und wir läuten alle Glocken und wir läuten alle Glocken und wir läuten alle Glocken,
wenn sie kommt – *bimm-bamm.*

Bei **bimm-bamm** führen die Kinder die Fingerspitzen beider Hände zueinander, halten die Hände vor dem Oberkörper aufrecht und schwingen die Arme in einer Glockenbewegung hin und her.

4. Und dann schreibt sie einen Brief, dass sie nicht kommt – *oooh,*
und dann schreibt sie einen Brief, dass sie nicht kommt – *oooh,*
und dann schreibt sie einen Brief und dann schreibt sie einen Brief und dann schreibt sie einen Brief,
dass sie nicht kommt – *oooh,*

Bei **oooh** lassen die Kinder die Schultern und den Kopf hängen und gehen leicht in die Knie.

5. Und dann sendet sie ein Telegramm, dass sie doch kommt – *juhuu,*
und dann sendet sie ein Telegramm, dass sie doch kommt – *juhuu,*
und dann sendet sie ein Telegramm und dann sendet sie ein Telegramm und dann sendet sie ein Telegramm,
dass sie doch kommt – *juhuu,*

Bei **juhuu** reißen die Kinder die Arme vor Freude senkrecht in die Höhe.

Quelle unbekannt

Winzig kleines Spinnlein

(Musik und Bewegung)

1. Winzig kleines Spinnlein klettert übers Dach:

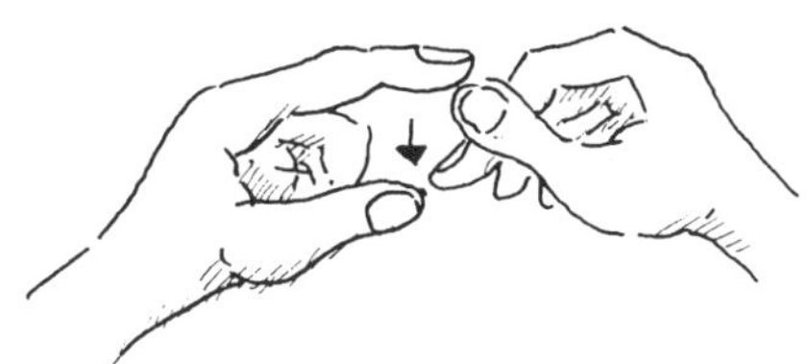

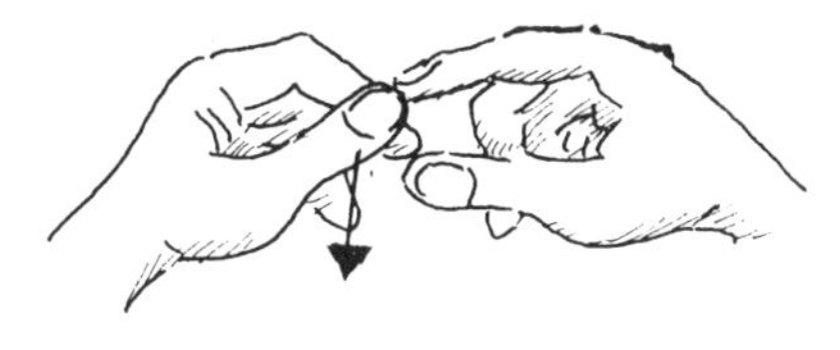

Jeweils der Daumen der einen Hand berührt den Zeigefinger der zweiten Hand. Das oben liegende Fingerpaar bewegt sich nach unten, das zweite kommt damit automatisch nach oben und schließt sich wieder, wenn das erste Paar heruntergewandert ist. Nun befindet sich das zweite Fingerpaar oben, wandert nach unten durch das erste Paar. Die vier Finger beschreiben dabei die Form einer liegenden Acht. Die Bewegung wird immer wieder wiederholt.
Sie kann auch mit Daumen und Mittelfinger, mit Daumen und Ringfinger, mit Daumen und kleinem Finger durchgeführt werden (gesteigerte Schwierigkeit).

2. Fällt herab der Regen:

Die Kinder ahmen mit den Fingern die Bewegung der Regentropfen von oben nach unten nach.

3. Macht das Spinnlein nass:

Die Kinder kreuzen die Arme vor der Brust, als würden sie frieren.

4. Steigt auf die Sonne:

Alle Kinder strecken die Arme weit in die Höhe.

5. Trocknet all den Regen:

Beide Hände werden nach oben gestreckt, „Trockenbewegung" wird nachgeahmt, dabei wiegt der Oberkörper von rechts nach links und wieder zurück.

6. Nun kann das kleine Spinnlein sich bewegen:

Wie bei 1. „klettern" Daumen und Zeigefinger nach oben, dann folgen die anderen Fingerkombinationen.

Spiele zur Gruppenfindung

Gegenstände tasten

In einem Säckchen befinden sich verschiedene Gegenstände.
Je nachdem, wie hoch die Schülerzahl ist und wie viele Gruppen man bilden möchte, befinden sich jeweils mehrere Gegenstände von der gleichen Sorte in dem blickdichten Sack, z. B.: Eicheln, Kastanien, Haselnüsse, Erdnüsse.

Sind es z. B. 25 Kinder und will man fünf Gruppen bilden, braucht man je fünf der oben genannten Gegenstände.
Jedes Kind entnimmt dem Säckchen einen Gegenstand, und zwar so, dass niemand sonst den Gegenstand sieht. Reihum versucht es nun, mit seinem Gegenstand in der einen Hand, die Gegenstände, die in den Händen der anderen Kinder verborgen sind, zu ertasten.
Kinder mit dem gleichen Gegenstand gehören zu einer Gruppe.

Geräusche hören

In je einer schwarzen Filmdose befinden sich z. B.:
1 EL Reis, 1 EL Kaffee, 1 EL Erbsen, 1 EL Kies, 1 EL Rindenstücke, ein Zuckerstück, einige Knöpfe.
Je nachdem, wie viele Kinder sich in einer Gruppe finden sollen, ist der Inhalt mehrfach vorhanden, z. B.: Bei 28 Kindern und sieben gewünschten Gruppen muss jeder Inhalt viermal vorhanden sein.
Jedes Kind nimmt sich eine Filmdose und schüttelt sie an seinem Ohr. Die Kinder ziehen nun mit den Dosen reihum und vergleichen die Geräusche. Kinder mit Dosen, die das gleiche Geräusch verursachen, gehören in eine Gruppe.

Tiergruppen erfragen

Jedem Kind wird eine Tierkarte so auf den Rücken gehängt, dass es selbst das Tier nicht sehen kann.
Nun stellt es den anderen Kindern Fragen über sein Tier, die nur mit „ja“ oder „nein“ beantwortet werden dürfen, z. B.: Hat mein Tier vier Beine? Hat es ein Fell? Frisst es Gras?
Wenn das Kind sein Tier erraten hat, sucht es andere Kinder, die zu seiner Tiergruppe gehören, z. B.: Insektengruppe, Säugetiergruppe, Raubtiergruppe, Vogelgruppe, Weichtiergruppe usw.
Die Tiergruppe kann vorher zur Erleichterung angegeben werden.
Für dieses Gruppenfindungsspiel können die vergrößerten Karten des Waldquartetts verwendet werden oder auch Postkarten mit Tierbildern.

Waldtierquartett

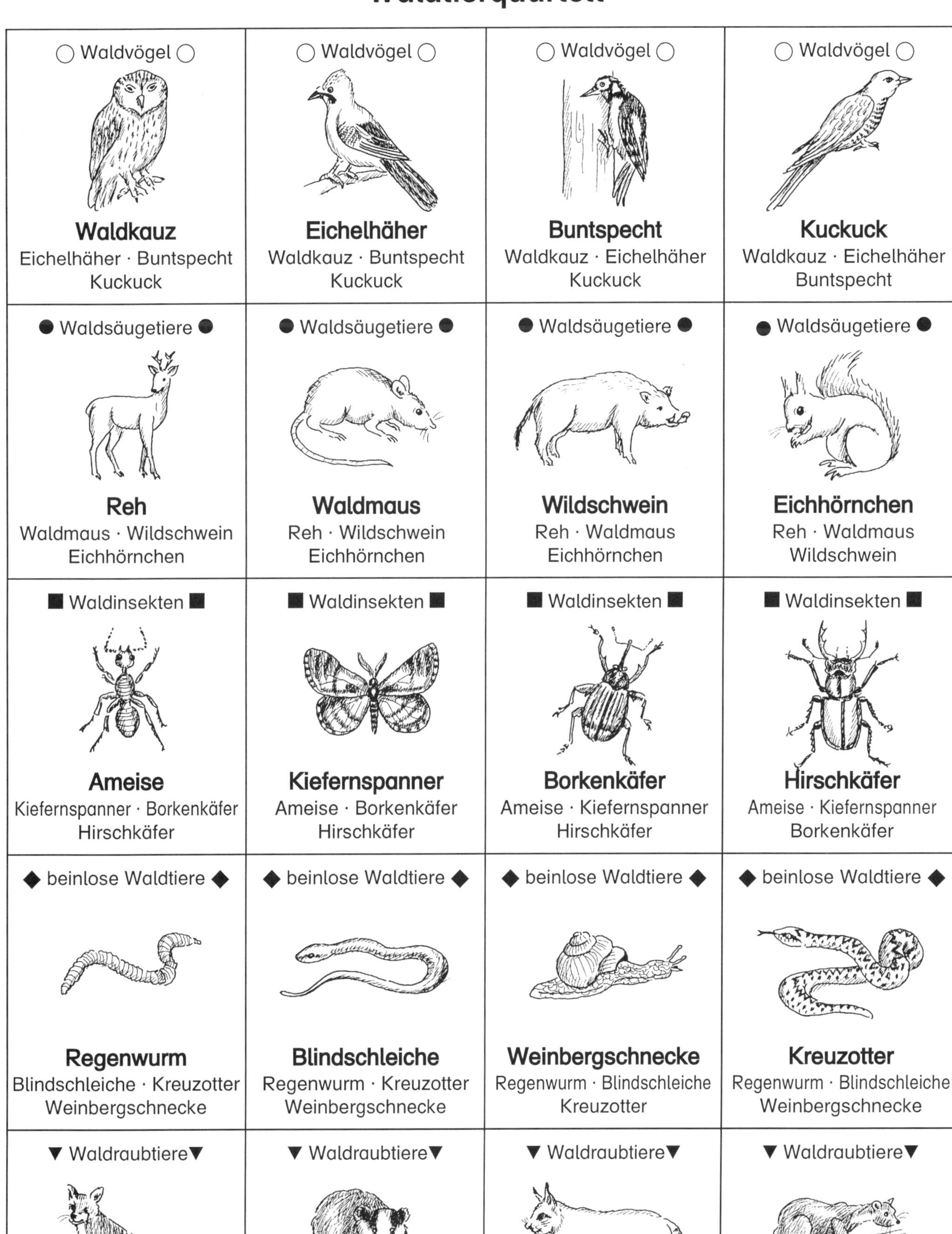

Die Wanderung zum Geisterturm

(Spiel für zwei bis vier Spieler)

Vor Spielbeginn kopiert die Lehrerin das Spielfeld auf DIN-A3-Format und die Ereigniskarten auf einen festen Karton. Zu jedem Spiel werden außerdem mindestens vier Spielfiguren und ein Würfel benötigt.

Anleitung:

- Die auf Karton kopierten Ereigniskarten werden ausgeschnitten, gemischt und verdeckt neben das Spielfeld gelegt.
- Alle Figuren stehen auf dem Startpunkt.
- Der Spieler mit der höchsten Augenzahl beginnt.
- Jeder Spieler zieht mit seiner Spielfigur zum Geisterturm.
- Trifft ein Spieler mit seiner Figur auf ein schraffiertes Feld, zieht er eine Ereigniskarte, liest den Text und führt die Anweisung aus.
  Danach wird diese Ereigniskarte wieder unter den Stapel gelegt.
- Der Spieler, der zuerst das Ziel im Geisterturm erreicht, ist Sieger.

Du hast nach dem Mittagessen euren Essenstisch abgeräumt und sauber gewischt. **Gehe drei Felder vor.**	Du hast deinen Koffer ordentlich ausgepackt und alle Kleider im Schrank verstaut. **Gehe zwei Felder vor.**
Du hast deine Bonbonpapierchen im Wald weggeworfen. **Gehe zwei Felder zurück.**	Du hast einen Mitschüler, der sich beim Spielen im Freien verletzt hat, getröstet. **Gehe vier Felder vor.**
Im Geisterturm hast du die ganze Klasse mit deinem lauten Geheule erschreckt. **Gehe drei Felder zurück.**	Du hast am gestrigen Abend der gesamten Klasse eine Geschichte vorgelesen. **Würfle noch einmal.**

Du hast deine Kleider und Schuhe nicht in den Schrank geräumt. **Gehe drei Felder zurück.**	Du hast beim Frühstück deinen Tee verschüttet und ihn nicht aufgewischt. **Gehe zwei Felder zurück.**	Du bist in der Nacht laut singend zur Toilette gegangen. **Setze einmal aus.**	Du hast dir am gestrigen Abend die Zähne nicht geputzt und dich nicht gewaschen. **Gehe vier Felder zurück.**
Du hast dich beim Wald-spaziergang besonders leise verhalten. So konnte die Klasse zwei Rehe beobachten. **Gehe zwei Felder vor.**	Du hast die Abfälle der Klasse vom Spielplatz vor dem Schullandheim weggeräumt. **Würfle noch einmal.**	Du hast das Zimmer deiner Gruppe alleine aufgeräumt und gefegt, während die anderen Kinder beim Spielen waren. **Gehe vier Felder vor.**	Bei der Fahrt im Zug hast du einer älteren Dame deinen Platz überlassen. **Gehe drei Felder vor.**
Beim Ausflug hast du am Weiher die Enten und Schwäne mit Steinen beworfen. **Gehe drei Felder zurück.**	Nach der Rast beim Wald-spaziergang hast du deine Abfälle nicht mitgenommen, sondern mitten auf der Wiese liegen lassen. **Gehe vier Felder zurück.**	Du hast im Bus deine Limodose kräftig geschüttelt und dann geöffnet. So wurden alle Sitze nass und klebrig. **Gehe zwei Felder zurück.**	Bei der gestrigen Wanderung hast du Blumen ausgerissen und anschließend weggeworfen. **Setze einmal aus.**

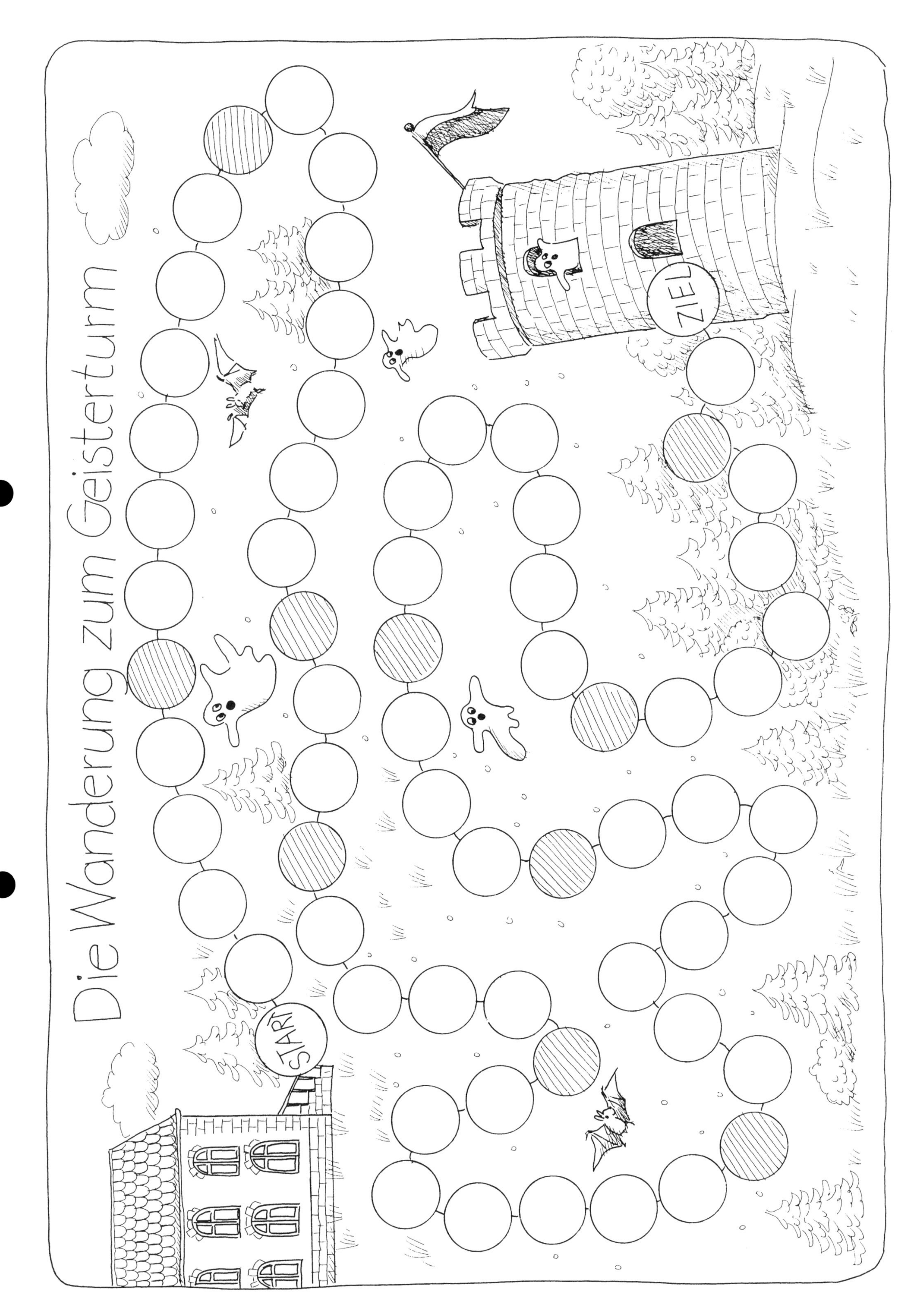
Die Wanderung zum Geisterturm
START
ZIEL

Spielfeld zum Gestalten

Das Blanko-Spielfeld sollte am besten auf DIN-A3-Format und festes Papier kopiert werden.

Es kann dann von den Kindern nach eigenen Ideen farbig ausgestaltet werden.

Gespielt wird nach den Regeln des Spiels „Mensch-ärgere-dich-nicht!“. Für jedes Spiel können sich maximal vier Spieler zusammenfinden, die je vier Spielfiguren und pro Spiel einen Würfel benötigen.

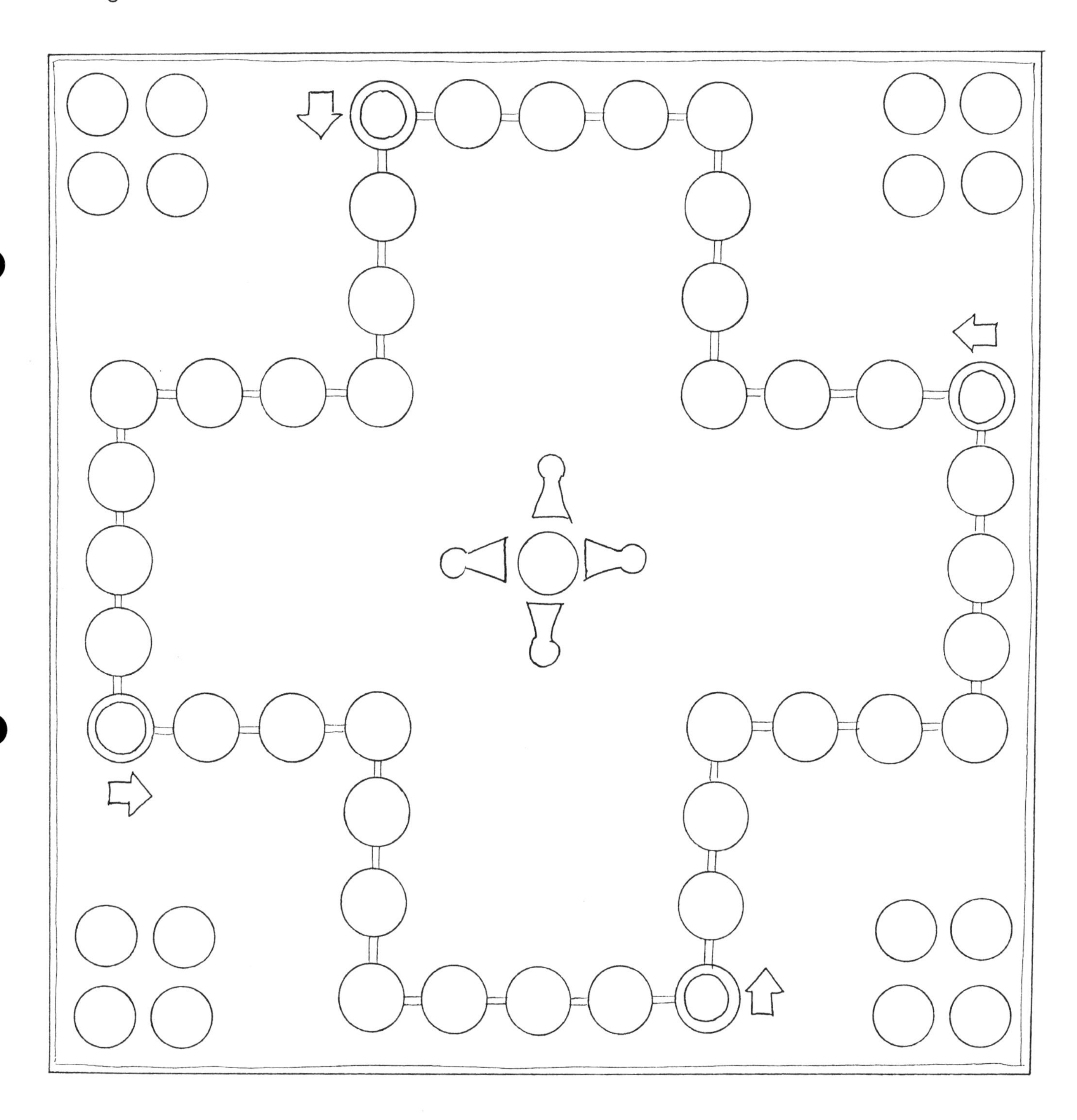

Heimwehgeschichte

Heute ist Frau Fellner ganz geheimnisvoll in die Klasse gekommen. Sie hat sich vor die Tafel gestellt und vielversprechend gelächelt. „Ich habe eine Überraschung für euch!“, hat sie gesagt. „Etwas ganz Besonderes. Wir fahren ins Schullandheim!“

Man konnte kein Wort mehr verstehen, so haben alle gebrüllt. Deniz, mein Nachbar, ist sogar johlend auf den Tisch gesprungen vor lauter Freude.
Ich habe nicht gebrüllt. Ich habe mich auch nicht gefreut. Am liebsten hätte ich losgeheult. Ich habe nämlich noch nie woanders geschlafen ohne meine Eltern. Die brauche ich nachts unbedingt in meiner Nähe – denn, wenn ich mal schlecht träume, kann ich notfalls zu ihnen ins Bett.

In der Pause waren alle am Planen, wer mit wem im Schullandheim das Zimmer teilt. „Jan, mit wem willst du ins Zimmer?“, hat mich der Deniz gefragt. „Mit niemandem, weil – ich fahre nämlich nicht mit!“, brummte ich unwillig. „Das geht doch gar nicht“, platzte Deniz entgeistert los. „Es ist doch auch Unterricht, da musst du genauso mitmachen wie in der Schule. Du kannst nur fehlen, wenn du krank bist oder stirbst.“ – „Dann werde ich eben krank…“, überlegte ich. Klar, dass der Deniz wollte, dass ich mitfahre. Er ist ja mein bester Freund.

Mittags sagte ich daheim erst mal nichts. Aber die Mama wusste schon Bescheid. Zu blöd, dass Eltern hinter dem Rücken miteinander telefonieren. Auf diese Weise kommt immer alles raus, bevor man selber einen guten Plan hat.
„Freust du dich nicht?“, fragte die Mama erstaunt. „Nein, das brauche ich nicht, denn ich werde ja krank und kann dann nicht mitfahren.“ Der Papa hörte schlagartig mit dem Essen auf und gleichzeitig mit dem Kauen. Ganz genau hat er mich angeschaut, so mit Röntgenaugen. Das tut er manchmal, wenn er etwas herausfinden will. Ich bin sicher, er kann meine Gedanken lesen. „Wenn du nicht krank bist, fährst du mit. Macht doch Spaß, so viele Jungen zusammen. Sei froh, dass deine Lehrerin mit euch wegfährt! Dir tut das nur gut.“ Basta.

Am Nachmittag habe ich am Spielplatz den Alexander getroffen. Der ist auch mein Freund. Er ist schon groß und in der Realschule. „Hast du ’ne Kröte verschluckt? Du schaust ja heute betreten aus der Wäsche.“ „Ach, es ist wegen dem Schullandheim. Ich will nicht mit. Na ja”, stotterte ich, „eigentlich ist es wegen … Heimweh!“
Ihm konnte ich sowas ja sagen. Der würde mich schon nicht verraten.
„Heimweh kenn ich. Hatte ich auch mal, als ich in der Jugendherberge war. Aber ich hatte drei gute Mittel dagegen dabei. Die haben klasse geholfen: Mein Lieblingsstofftier, eine Kassette mit cooler Musik und eine Taschenlampe. Die lag auf meinem Nachttisch. Falls ich schlecht träumen würde – um die Gespenster zu verscheuchen. Habe ich aber gar nicht gebraucht.“

Ich bin dann doch nicht krank geworden. In der ersten Nacht habe ich meinen Stoffhasen ganz fest an mich gedrückt. Zum Einschlafen habe ich den Brief von Mama und Papa gelesen, den sie mir mitgegeben haben und die Fotos darin angeschaut. Tatsächlich durften wir sogar eine Kassette mit Musik vor dem Einschlafen hören.

Am nächsten Morgen hat sich meine Lehrerin ganz genau erkundigt, wie ich geschlafen hatte: „Kein Heimweh?" – Irgendwie hatte ich den Eindruck, als wüsste sie Bescheid. „Hat prima geklappt", grinste ich. „Das freut mich", lächelte Frau Fellner. „Für alle Fälle hätte ich aber auch Heimwehtropfen dabei gehabt."

Gut, dass ich die Taschenlampe auf dem Nachttisch hatte. In der nächsten Nacht war Deniz felsenfest davon überzeugt, dass in der Ecke unseres Zimmers ein Gespenst hockte…

Susanne Schöniger

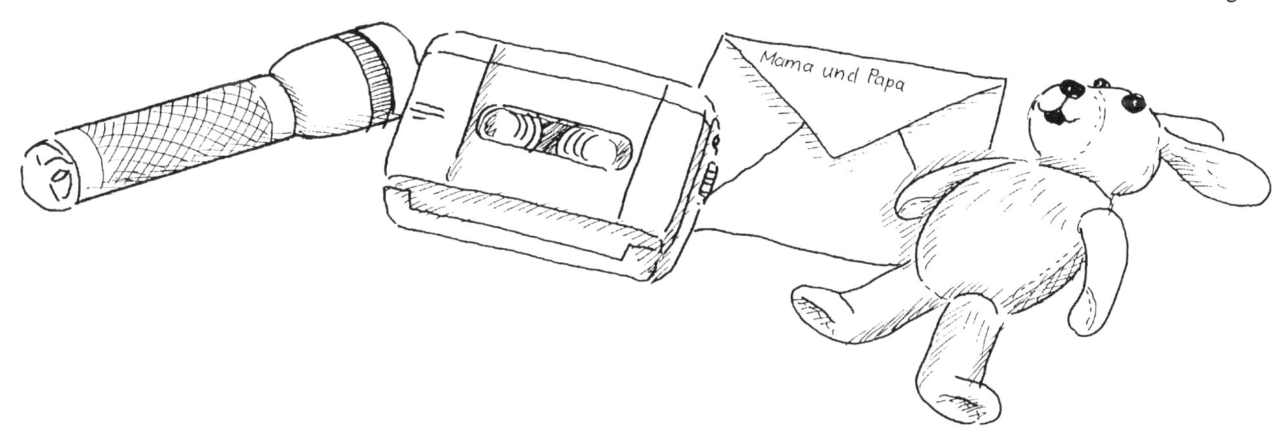

Hast du aufmerksam gelesen?

Warum will Jan nicht ins Schullandheim? ______________________________

____

Was denkt er sich aus, damit er nicht mitfahren muss? ____________________

____

Wie heißen Jans Freunde? ______________________________________

Schreibe auf, welche Mittel Alexander gegen Heimweh kennt. ______________

____

Was hatte Jan dabei? ____

____

Auch die Lehrerin hatte etwas gegen Heimweh in Reserve. Was war das?

____

Zwei Gespenster

Heute Morgen war es sehr unruhig in der Klasse 3 a. Schon um Viertel vor acht waren alle Kinder vollzählig da. Und nicht nur sie, sondern auch die Eltern. Die drängelten sich hinten an den Schränken herum und waren mindestens so aufgeregt wie die Kinder. Ein Vater stolperte über eine im Weg stehende Reisetasche und fiel dabei mit lautem Rums gegen den Schrank ganz hinten links. Davon wachte das Klassengespenst auf. Weil es genau sehen wollte, woher der fürchterliche Lärm so früh am Morgen kam, quetschte es sich zwischen die Ritze von Schrank und Regal und blinzelte nach vorn. Da stand Frau Fellner und erklärte, wann der Bus am Freitag zurückkommt und wo die Eltern die Kinder dann wieder abholen sollten. „Abholen? Fahren die etwa weg? Da wird es ja noch langweiliger als sonst!", dachte das Klassengespenst.

Nachts, also dann, wenn es für ein normales Gespenst so richtig losgeht, war im Schulhaus wirklich tote Hose. Wie oft hatte es ganz fürchterlich die Gänge entlanggeheult, sämtliche Türen gleichzeitig zugeknallt, in der Klospülung gegurgelt und aus dem Abfluss geseufzt, aber niemand hörte es. Nach und nach war es dazu übergegangen, nur noch um Mitternacht kurz zu stöhnen und die Fenster auf- und zuzuschlagen.

Manchmal wachte ja dann der Hausmeister auf, drehte alle Lichter an und schloss mit seinem riesigen Schlüsselbund alle Klassenzimmer auf und überprüfte die Fenster.

Wenn das Gespenst am Griff gedreht hatte, waren sie natürlich auf und der Hausmeister murmelte etwas von schlampigen Lehrern, die ihn um den Schlaf bringen und am nächsten Tag gab es dann ein Donnerwetter vom Rektor. Aber das war auch der einzige Lichtblick in seinem nächtlichen Gespensterleben.

Aus diesem Grund hatte es bald einen Teil seiner Aktivitäten auf den Vormittag verlegt: Sagte die Lehrerin, dass die Kinder ihre Hefte unter der Bank hervorholen sollten, dann witschte es blitzschnell unter einen ganz besonders unaufgeräumten Tisch. In all dem Chaos da unten konnte es sich ausgezeichnet verstecken, notfalls machte es sich so dünn wie ein Blatt Papier. Das Heft schob es ganz schnell unter den Nachbartisch, oder wenn es im Durcheinander nichts finden konnte, warf es mit einem einzigen Schubs alles herunter auf den Boden. Alle schauten sofort dorthin und für das Gespenst wurde es so richtig schwierig, unentdeckt zu entwischen.

Meistens flüchtete es sich dann in den Papierkorb, nachdem es auf dem Weg dorthin noch einige Radiergummis und Stifte auf den Boden gekickt hatte. In letzter Zeit war ihm der Papierkorb aber etwas unbehaglich, denn sofort musste es an das angelutschte Gummibärchen denken, an dem sein Hemd kleben geblieben war. Fast wäre es nicht mehr aus dem Eimer gekommen. Gerettet haben es der Florian und der Thomas, als sie es mitsamt dem Papier in den Papiercontainer geworfen haben. Da hat das Klassengespenst in der Pause dann drinnen geraschelt und gestöhnt. Einige Kinder hatten dann die Aufsicht geholt, weil irgend ein Tier im Container vermutet wurde. Dabei wollte es doch nur das eklige Gummibärchen von seinem Hemd loskriegen.

Jetzt steckte es also in der Ritze zwischen Schrank und Regal und überlegte, wie es die langweiligen Tage ohne die Klasse 3 a überstehen sollte. Mitten im Nachdenken wurde es noch unruhiger im Klassenzimmer. Alle standen auf und drängten zur Tür. Ohne zu überlegen, schlüpfte das Gespenst in das Seitenfach der Reisetasche, über die der Vater gestolpert war. Es spürte, wie es hochgehoben wurde und die Treppe hinunter schaukelte. Mit einem kräftigen Schubs landete es mitsamt der Tasche im Gepäckraum des Schulbusses, genau hinter dem Motor.

Schulgespenster sind, was Lärm angeht, ja einiges gewöhnt, aber das war wirklich zuviel. Und dann das Geschaukel und Gewackel. Mit letzter Kraft quetschte sich das Gespenst aus der Tasche heraus und lag quer über dem ganzen Gepäck, wie ein Schluck Wasser in der Kurve. Es war ihm so schlecht, dass es sich giftgrün leuchtend verfärbte. Als der Bus plötzlich anhielt und die Klappe mit einem lauten Krach aufging, war es nur der Schreck, der ihm durch alle Hemdfalten fuhr und der es ihm ermöglichte, wieder in die Seitentasche zu schlüpfen. Es landete im Zimmer von Deniz und Jan. Als alle zum Mittagessen gingen, schleppte sich das Gespenst – noch immer leicht giftgrün leuchtend – hinter den Schrank. Dort schlief es erst mal bis Mitternacht.
Gespenster haben einen inneren Wecker. Der weckt sie um Punkt Mitternacht auf, egal was vorher war. Vorsichtig räkelte sich das kleine Gespenst. Es betrachtete sein Hemd – na also, es war wieder richtig weiß. Irgendwie hatte es das Gefühl, als sei es nicht allein. Klar, da atmeten die vier Jungen in ihren Betten – aber da war noch etwas... Als es sich vorsichtig hinter seinem Schrank umsah, starrten es plötzlich zwei glühende Augen aus der Ecke an. Das Gespenst erschrak so sehr, dass es auf der Stelle wieder grün leuchtete. Die beiden Augen bewegten sich nach oben, bis sie auf dem Schrank verschwanden. Dann entdeckte das Klassenzimmergespenst, dass zu den glühenden Augen auch ein weißes Hemd gehörte. Geräuschlos schwebte es durchs Zimmer und verschwand ganz schnell durchs Schlüsselloch. Ein anderes Gespenst! Sofort hastete das Klassenzimmergespenst hinterher. „Hej, du!“, rief es aufgeregt.
Am Ende des Ganges ließ sich das fremde Gespenst in eine Ecke plumpsen. „Mir reicht's!“, zischelte es. „Jede Nacht ein neuer Stress. Letzte Woche wollte ich so richtig die Gänge entlangspuken, da geht direkt neben mir die Türe auf und ein riesiges Bettlakengespenst kommt auf mich zu. Fast hätte ich mein Hemd verloren vor Schreck! Es hat eine Weile gedauert, bis ich gemerkt habe, dass ein paar Kinder daruntersteckten. In der anderen Nacht schlüpfte ich durch ein Schlüsselloch und geriet in die schlimmste Kissenschlacht. Dass die Kinder jetzt auch noch ihre eigenen Gespenster mitbringen, bringt das Fass zum Überlaufen! Ich habe genug!“ Vor lauter Unmut leuchteten die Augen des Schullandheimgespenstes noch etwas heller.
Dem Klassenzimmergespenst dagegen gefiel es gut hier. Hier war wenigstens etwas los!
Jeden Tag spukte es in einem anderen Zimmer. Manchmal auch zusammen mit dem Schullandheimgespenst. Schon in der zweiten Nacht merkte es genau, dass sein neuer Freund dringend Erholung nötig hatte.
Gerade waren sie im Zimmer von Jan und Deniz angekommen und hatten es sich vor dem Schrank gemütlich gemacht, da hatte Deniz sie auch schon entdeckt. Und das alles nur, weil das Schullandheimgespenst so fertig war. Es war nicht mehr in der Lage, seine Leuchtaugen auszuschalten! Das Klassenzimmergespenst packte seinen neuen Freund am Hemd und zog ihn blitzschnell hinter den Schrank. Beinahe wären sie entdeckt worden, weil eines der Kinder mit einer Taschenlampe hinter dem Schrank herumleuchtete. Lange Zeit hörten sie Deniz davon reden, dass er ein Gespenst gesehen hätte.
Auf der Rückfahrt bemerkte niemand, dass diesmal das Schullandheimgespenst in der Reisetasche saß und unentdeckt ins Schulhaus einzog. Nur Frau Fellner wunderte sich, dass von diesem Zeitpunkt an in der Klasse alles besser klappte: Jeder fand sofort seine Hefte; Stifte und Radiergummis flogen nicht mehr durch die Gegend.
„Den Vorteil einer Klassenfahrt kann man in dieser Klasse besonders gut beobachten“, erklärte sie den Eltern. „Seit wir zurückgekommen sind, läuft alles wie von selbst und die Kinder sind mit großer Freude bei der Sache.“

Susanne Schöniger

Pflanzensteckbrief

Name:

Höhe:

Blüte:

Blätter:

Besonderheit:

Fundort:

Datum:

Zeit:

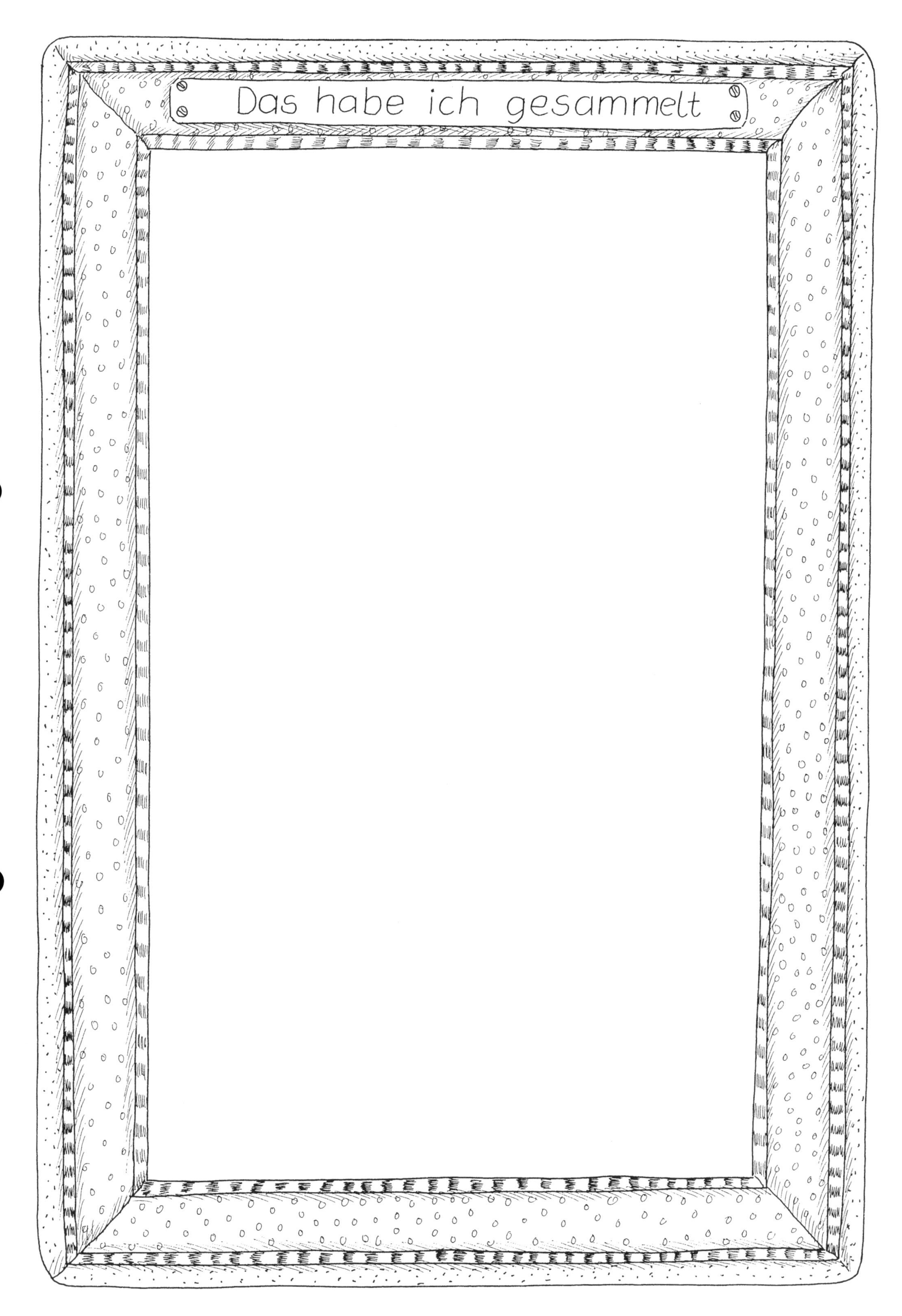
Das habe ich gesammelt

Mein Buch
vom
Schullandheim

Umschlaggestaltung mit Kleisterpapier

Material:

- Ein 10-Liter-Eimer mit Tapetenkleister, der für Vierer- oder Sechsergruppen in Marmeladengläser oder Ähnliches umgefüllt wird.
- Für jede Gruppe ein dicker Malerpinsel
- Jedes Kind benötigt einen Malkasten, einen dicken Pinsel (am besten Nr. 10 oder 12) und ein Papier DIN A3 (Zeichenblock oder Packpapier).
- Zeitungspapier zum Unterlegen
- Kleidung für die Kinder, die schmutzig werden darf.
- Kräuselband
- Schere und Locher
- Klebstoff

Anleitung:

Mit dem Malerpinsel wird großzügig Tapetenkleister auf ein Papier verteilt, sodass es ganz bedeckt ist. Anschließend bestreichen die Kinder dieses Blatt beliebig mit ganz dick angerührter Wasserfarbe. Sie sollten darauf achten, dass sie die Farben mit wenig Wasser anrühren und möglichst nur oberflächlich auf das Kleisterpapier auftragen. So bekommt der Pinsel nur wenig Kleister ab. Wenn das gesamte Papier farbig bedeckt ist, wird mit demselben Pinsel nun die Farbe und der Kleister vermischt. So entsteht ein farbig marmoriertes Blatt.

Zur Verzierung dieses Blattes drehen die Kinder nun noch den Pinsel um und zeichnen bzw. kratzen mit dem Stielende Muster (Wellen, Zacken usw.) in das Papier.

Dieses Umschlagpapier wird nun zum Trocknen ausgebreitet und sollte noch gebügelt (und gewachst) werden.

Fertigstellung und Lochbindung:

Das fertige Umschlagpapier wird in der Mitte gefaltet. Aus beliebigem Papier fertigen die Kinder eine Schablone im Format 15 x 23,5 cm an, legen diese auf die Vorderseite des Umschlags, umfahren sie und schneiden schließlich diese Fläche aus. Die Rückseite bleibt wie sie ist. Von der Vorderseite ist nach dem Ausschneiden nur noch ein Rahmen übrig. Von hinten wird an diesen Rahmen die Kopiervorlage (S. 44) angeklebt, wobei der gesamte Rand mit Klebstoff bestrichen wird. Der Innenteil kann noch beliebig verziert und mit Namen, Datum o. Ä. versehen werden.

Wenn alle Seiten fertiggestellt sind, werden sie in richtiger Reihenfolge in das in der Mitte geknickte Umschlagblatt eingelegt. Anschließend wird das gesamte Paket vierfach gelocht. Gemäß der Abbildung fädeln die Kinder ein ca. 90 cm langes Kräuselband ein.

Zum Abschluss werden die Enden verknotet und mit Hilfe einer Schere zu Schlangen gekräuselt.

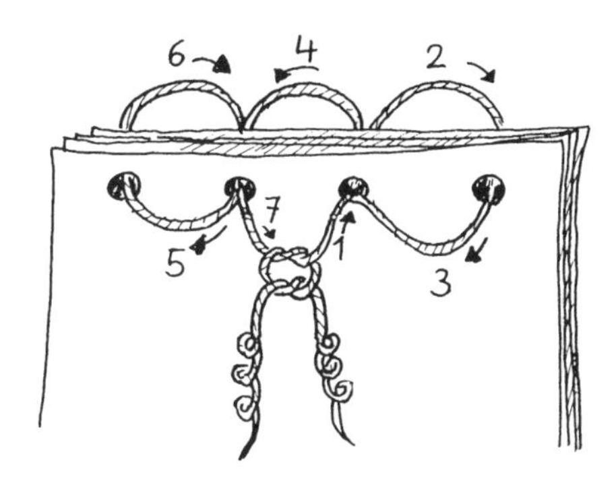

Orden für „besondere Verdienste“ im Schullandheim

Jedes Kind hat im Schullandheim sicher eine Sache geleistet, die eine besondere Würdigung verdient. Sei es, dass das Kind fleißig den Tischdienst übernommen hat, dass es bei einem sportlichen Wettbewerb besondere Fairness bewiesen hat, dass es einen lustigen Beitrag zum bunten Abend geleistet hat usw.
Für all diese „Verdienste“ bekommt jedes Kind der Klasse zum Abschluss einen Orden, auf dem die jeweilige besondere Leistung vermerkt ist.
Den Orden können die Kinder im Vorfeld oder im Schullandheim vor Ort selbst basteln. Er wird anschließend noch mit einem passenden Text versehen.

Bastelanleitung

Material:
Jedes Kind erhält je eine Kopie jeder Kopiervorlage (S. 47). Dazu sollten die verschiedenen Vorlagen auf unterschiedlich farbiges Tonpapier kopiert sein.
Außerdem werden Schere, Kleber, Klebstreifen und je eine Sicherheitsnadel für jeden Orden benötigt.

Vorgehensweise:
Alle kopierten Vorlagen werden entlang der Umrisskanten ausgeschnitten. Dann wird die Vorlage A auf die Vorlage P geklebt, ebenso die Vorlage S auf den Kreis K. Es sollte darauf geachtet werden, dass keine Teile überstehen. Von hinten wird nun der Anhänger (Vorlage A und P) an den Kreis geklebt.
Mit dem Klebstreifen wird am Schluss noch die Sicherheitsnadel angeklebt, am besten möglichst weit oben am Anhänger, damit die Kinder den Orden an der Kleidung festklammern können.

Kopiervorlagen für den Schullandheim-Orden

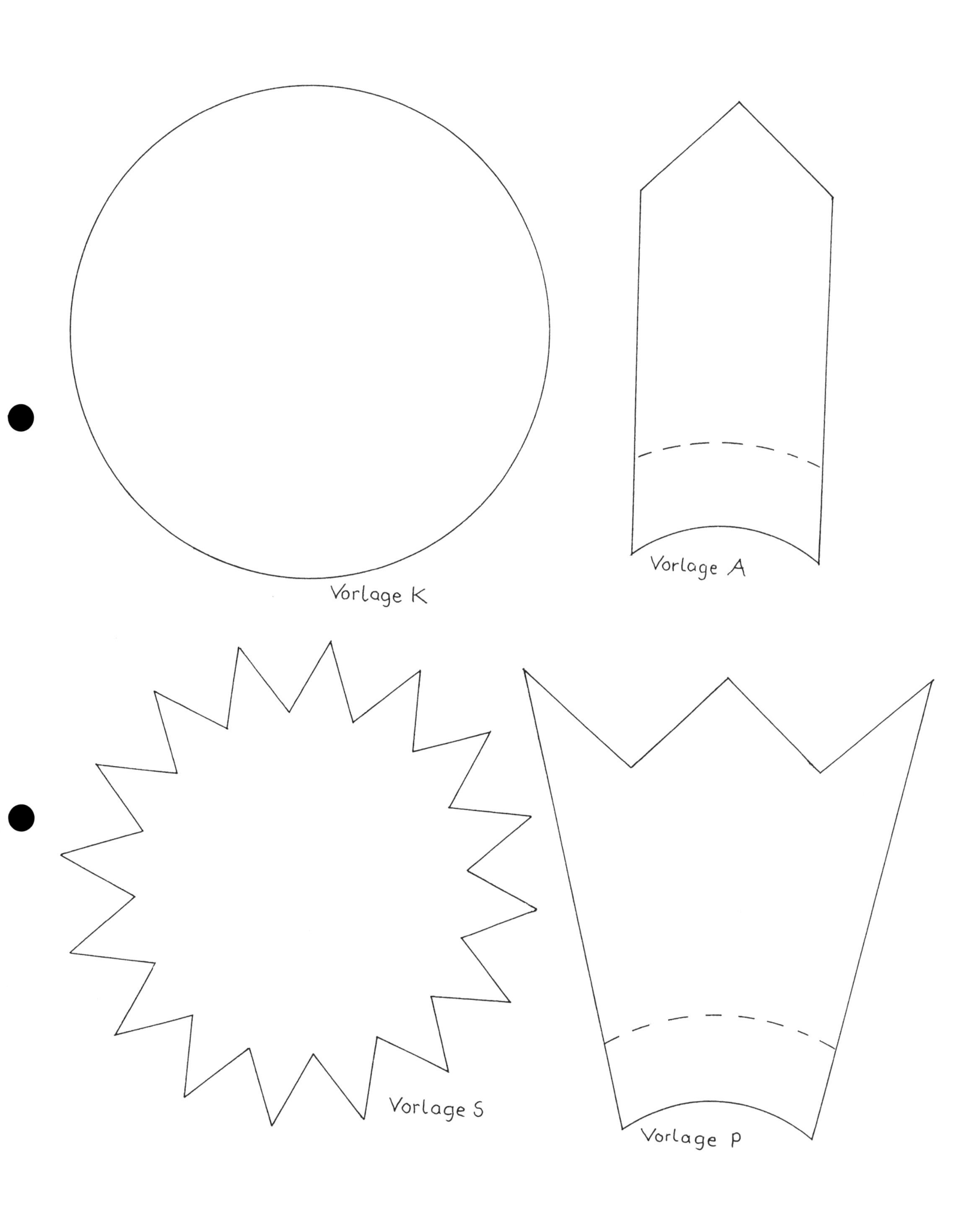

Zimmer-Olympiade

Hier wohnen: ______________________________

Montag	Dienstag	Mittwoch	Donnerstag

Bewertung: 3 Punkte = Das Zimmer ist superordentlich aufgeräumt.
2 Punkte = Das Zimmer ist einigermaßen schön aufgeräumt.
1 Punkt = Das Zimmer ist nicht besonders schön aufgeräumt.

Gesamtpunktzahl: ☐

Urkunde

Im ____________

hat

____

im Schullandheim ______________

____

____

____

Das war eine tolle Leistung!

! ! Wir gratulieren ! !

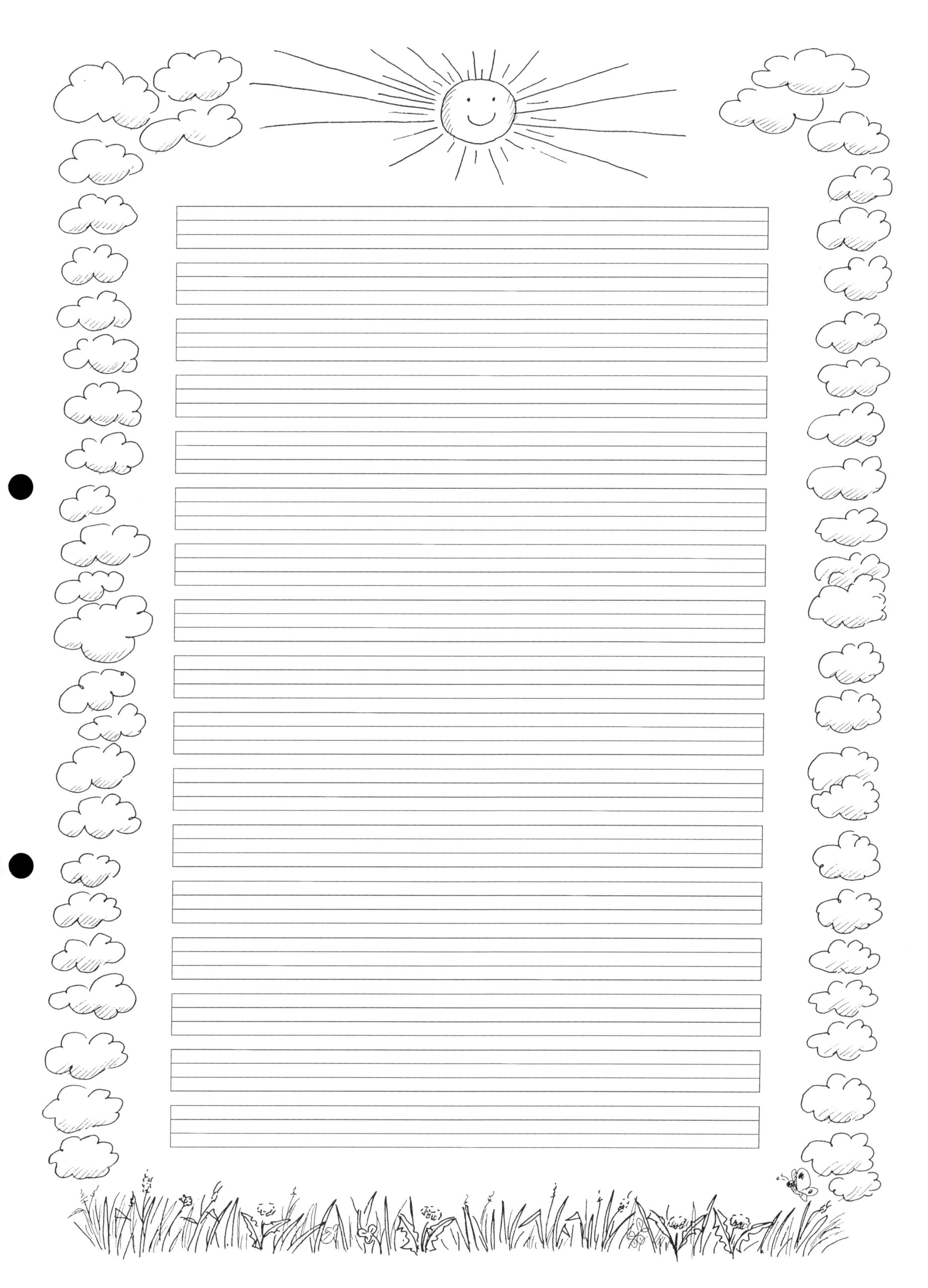

Nachtwanderung

Schullandheim-Kreuzworträtsel

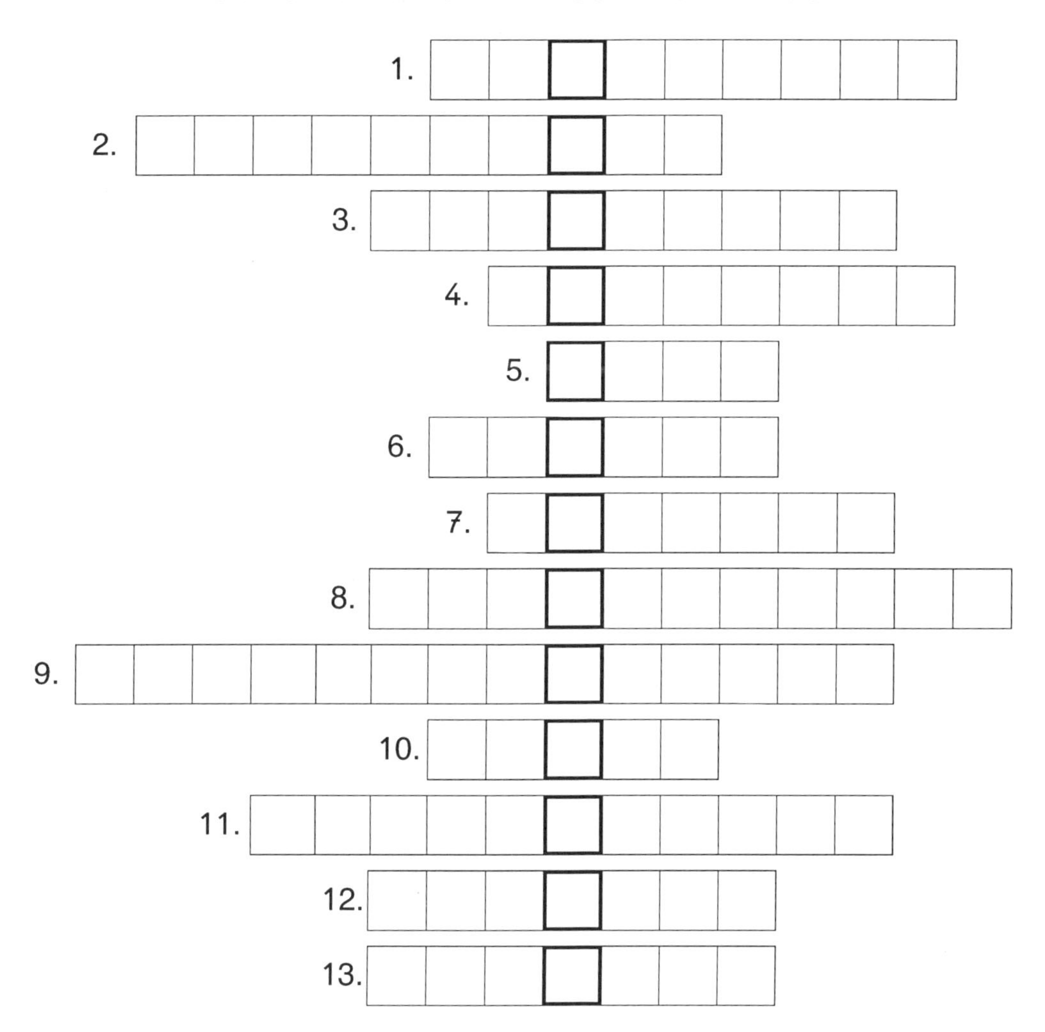

Ergänze die fehlenden Wörter und beantworte die Fragen. In den fett umrandeten Feldern kannst du dann das Lösungswort von oben nach unten ablesen.

1. Aus dem Schullandheim kann man einen Brief oder eine … an seine Eltern schreiben.
2. Im Gegensatz zur Schule hat man im Schullandheim viel weniger … .
3. So nennt man das erste Essen am Morgen.
4. Beim Wandern ist es am bequemsten, wenn man sein Gepäck und die Brotzeit auf dem Rücken im … hat.
5. Im Schullandheim kann man bei schönem Wetter viel an die frische … .
6. Alle deine Freunde aus der Klasse sind im Schullandheim dabei. Du bist also niemals … .
7. Das tut dem Körper gut. Da ist man an der frischen Luft und hat viel Bewegung.
8. Was solltest du mindestens zweimal täglich tun, damit du keine Karies bekommst?
9. Wie nennt man den Spaziergang, den die Klasse bei Dunkelheit unternimmt?
10. Wie solltest du dich in der Nacht verhalten, wenn du aufwachst und die anderen Kinder noch schlafen?
11. Was kannst du am Abend ins Bett mitnehmen, damit du dich wie zu Hause fühlst?
12. Fast alle Klassen fahren von Montag bis … ins Schullandheim.
13. Manche Kinder sehnen sich sehr nach ihren Eltern, Geschwistern oder ihrem Haustier. Wie nennt man dieses Gefühl?

Lösung: 1. Postkarte, 2. Unterricht, 3. Frühstück, 4. Rucksack, 5. Luft, 6. allein, 7. wandern, 8. Zähneputzen, 9. Nachtwanderung, 10. ruhig, 11. Kuscheltier, 12. Freitag, 13. Heimweh, **Lösungswort: Schullandheim**

Grundschule in

____

Schuljahr __________

Klasse __________

ZEUGNIS

für

das Schullandheim

____

Heimleitung . . . .

Hausordnung . . . .

Ausstattung der Zimmer . . . .

Waschmöglichkeiten . . . .

Essen . . . .

Spielangebote . . . .

Ausflüge . . . .

Nachtwanderung . . . .

Hin- und Rückfahrt . . . .

Dieses Schullandheim ist für einen weiteren Besuch geeignet/nicht geeignet.

______________________, den ____________________

____

Unterschrift des Schülers/der Schülerin

Notenstufen: 1 = sehr gut, 2 = gut, 3 = befriedigend, 4 = ausreichend, 5 = mangelhaft, 6 = ungenügend